职 业 院 校 法 律 事 务 专 业 课 程 改

U0500743

法学

基础理论与应用

（第二版）

主　编　黄玉敏
副主编　田　军
审　稿　雷　磊

FAXUE JICHU LILUN YU YINGYONG

中国教育出版传媒集团
高等教育出版社·北京

内容提要

本书是职业院校法律事务专业课程改革成果教材。

本书依据法律职业教育的特点和规律,以培养学生能力为本位,突出实践性教学。全书由四部分组成:法的本体(法、法的产生与发展、法的作用、法的价值、法的渊源与体系、法律关系);法的运行(法的创制、法的实施与监督);法与社会;依法治国,建设社会主义法治国家。内容力求精练、实用、够用,既注重学生知识目标的培养,又注重学生能力目标的培养。

本书配有二维码微课视频和学习卡资源,按照书后"郑重声明"页中的提示,可获取相关教学资源。

本书可作为中职和五年制高职法律事务专业教学用书,也可供法律爱好者参考使用。

图书在版编目(CIP)数据

法学基础理论与应用／黄玉敏主编. --2 版 . --北京:高等教育出版社,2022.8

ISBN 978-7-04-058966-5

Ⅰ.①法… Ⅱ.①黄… Ⅲ.①法的理论-中国-中等专业学校-教材 Ⅳ.①D920.0

中国版本图书馆 CIP 数据核字(2022)第 119182 号

Faxue Jichu Lilun yu Yingyong

| 策划编辑 | 苏 杨 | 责任编辑 | 苏 杨 | 封面设计 | 姜 磊 | 版式设计 | 张 杰 |
| 插图绘制 | 李沛蓉 | 责任校对 | 胡美萍 | 责任印制 | 赵 振 | | |

出版发行	高等教育出版社	网 址	http://www.hep.edu.cn
社 址	北京市西城区德外大街 4 号		http://www.hep.com.cn
邮政编码	100120	网上订购	http://www.hepmall.com.cn
印 刷	天津鑫丰华印务有限公司		http://www.hepmall.com
开 本	889mm×1194mm 1/16		http://www.hepmall.cn
印 张	11.5	版 次	2016 年 9 月第 1 版
			2022 年 8 月第 2 版
字 数	240 千字		
购书热线	010-58581118	印 次	2022 年 8 月第 1 次印刷
咨询电话	400-810-0598	定 价	32.00 元

第二版前言

本书根据教育部颁布的有关职业院校法律课程的教学要求,结合职业院校法律课程的教学特点和课程改革要求,在 2016 年第一版的基础上修订而成。

2020 年 11 月,中央全面依法治国工作会议在北京召开,习近平做重要讲话,强调推进全面依法治国,建设中国特色社会主义法治体系、建设社会主义法治国家的总目标。全面依法治国战略的确立,对新时期我国学生法学基础教育和人才培养提出了更高的要求。法律是一门实践性要求非常强的学科,不仅要求学生具备扎实的理论功底,还要求学生具备法律的逻辑思维能力和实践操作能力,形成运用法律分析和解决现实生活中各种案例的能力。

为此,本书在修订中注重突出以下五个特点:

第一,为实现职业院校法律职业教育的培养目标,依据职业院校法律职业教育的特点和规律,在教材内容的甄选方面,努力做到既注重学生知识目标的培养,又注重学生能力目标的培养。

第二,按照法律职业能力要求编撰教学内容,寓启发式教学于法律知识的学习之中。以培养学生能力为本位,突出实践性教学。本书从"引例"开始,在内容中穿插"知识链接""想一想""议一议""分析问题"等,有利于学生更好地学习和理解法律,做到理论教学和实例、实训相结合,培养学生运用法律解决实际问题的能力。

第三,依据当代社会对于法律辅助人才的要求,努力建构完善的课程体系与教学内容体系。我们根据教学的实际需求,在总结、吸收各类教材的基础上,形成了有自己特色的编排结构,力求体系完备、重点突出。

第四,力求用精练、简洁的语言阐释深奥的法律原理和规范,以更好地在学生中普及法律知识。此外,通过设计辩论赛、小组讨论、社会调研、课堂演讲等活动,结合经典的法律案例启发学生思考,培养学生法律思辨思维,有机融入思政教育,提升学生的职业素养。

第五,增加数字化资源库建设,结合本章节热点、难点问题,配套微课视频,补充课后拓展阅读,配有教学设计、演示文稿等辅学资源,大大提高了教材的实用性与趣味性。

本课程建议课时安排如下:

章	内　　容	课时(72 课时)
第一章	法	8
第二章	法的产生与发展	6
第三章	法的作用	6
第四章	法的价值	7
第五章	法的渊源与体系	7
第六章	法律关系	8
第七章	法的创制	8
第八章	法的实施与监督	8
第九章	法与社会	8
第十章	依法治国,建设社会主义法治国家	6

本书由黄玉敏任主编,田军任副主编。各章的编写分工如下:黄玉敏负责全书统稿并撰写了第五章、第六章、第八章;田军负责撰写第一章、第二章、第三章;刘洋负责撰写第四章、第七章;杨晓慧负责撰写第九章、第十章。叶慧敏和黄玉敏承担本书的数字资源库建设,制作微课视频。

本书由中国政法大学法学院教授、博士生导师雷磊担任审稿,山西省司法学校董文才校长对本书的修订提出了宝贵的意见,在此深表感谢。

由于水平有限,书中不足之处在所难免,敬请同行及读者批评指正,以便及时修正。读者意见反馈邮箱:zz_dzyj@ pub. hep. cn。

编　者

2021 年 8 月

第一版前言

本书根据教育部颁布的有关中职学校法律课程的教学要求,结合中等职业学校法律课程的教学特点和课程改革要求,经过多位教学经验丰富的教师编写而成。

党的十八届四中全会通过了《中共中央关于全面推进依法治国若干重大问题的决定》。依法治国方略的确立,对新时期我国法学基础教育和人才培养提出了更高的要求。法律是一门实践性要求非常强的学科,不仅要求学生具备扎实的理论功底,更为重要的是要求学生具备法律的逻辑思维能力和实践操作能力,形成运用法律规范分析和解决现实生活中各种纠纷、案例的能力。

为此,本书在编写中注重突出如下四个特点:

第一,为实现中等法律职业教育的培养目标,依据中等法律职业教育的特点和规律,我们在教材内容的甄选方面,努力做到既注重学生知识目标的培养,又注重学生能力目标的培养。

第二,注重按照法律职业的能力要求编撰教学内容,寓启发式教学于法律知识的学习之中。以培养学生能力为本位,突出实践性教学。本教材从【引例】开始,在内容中穿插【小知识】【想一想】【议一议】【分析问题】等,有利于学生更好地学习和理解法律,做到理论教学和实例、实训相结合,培养学生运用法律解决实际问题的能力。

第三,依据当代中国社会对于法律辅助人才的要求,努力建构完善的课程体系与教学内容体系。我们根据中职教学的要求,在总结、吸收各类统编教材的基础上,形成了有自己特色的编排结构,力求体系完备,重点突出。

第四,力求用精练、简洁、实用的语言阐释深奥的法律原理和规范,以更好地在学生中间普及法律知识。

本课程建议课时安排如下:

章	内　　容	课时（72 课时）
第一章	法的性质	8
第二章	法的产生与发展	7
第三章	法的作用	6
第四章	法的渊源与体系	7
第五章	法的价值	7
第六章	法的创制	6
第七章	法的运行	9
第八章	法律关系	8
第九章	法与社会	8
第十章	全面推进依法治国，建设社会主义法治国家	6

　　本书由王哲任主编，田军任副主编。各章的分工如下：王哲负责全书的统稿并撰写了第一、四章；田军负责撰写第二、三章；刘洋负责撰写第五、六章；黄玉敏负责撰写第七、八章；杨晓慧负责撰写第九、十章。

　　本书由山西省司法学校董文才担任审稿，在此深表感谢。

　　由于水平有限，书中不足之处在所难免，敬请同行及读者批评指正，以便及时修正。

编　者
2016 年 6 月

目　录

第一章　法　1
　　第一节　法的含义 …………… 1
　　第二节　法的特征 …………… 4
　　第三节　法的本质 …………… 7
　　第四节　法的分类 ………… 10
　　本章小结 …………………… 12
　　思考与练习 ………………… 12

第二章　法的产生与发展　15
　　第一节　法的产生 ………… 15
　　第二节　法的历史类型 …… 21
　　第三节　法系 ……………… 28
　　本章小结 …………………… 31
　　思考与练习 ………………… 32

第三章　法的作用　34
　　第一节　法的作用概述 …… 34
　　第二节　法的规范作用 …… 36
　　第三节　法的社会作用 …… 40
　　第四节　法的局限性 ……… 42
　　本章小结 …………………… 44
　　思考与练习 ………………… 44

第四章　法的价值　47
　　第一节　法的价值概述 …… 47

　　第二节　法的主要价值 …… 49
　　第三节　法的价值判断 …… 58
　　本章小结 …………………… 59
　　思考与练习 ………………… 60

第五章　法的渊源与体系　63
　　第一节　法的渊源 ………… 63
　　第二节　法的要素 ………… 67
　　第三节　法律体系 ………… 74
　　第四节　法律效力 ………… 79
　　本章小结 …………………… 83
　　思考与练习 ………………… 83

第六章　法律关系　86
　　第一节　法律关系概述 …… 86
　　第二节　法律关系的构成
　　　　　　要素 ……………… 89
　　第三节　法律关系的产生、
　　　　　　变更与消灭 ……… 96
　　本章小结 …………………… 98
　　思考与练习 ………………… 99

第七章　法的创制　101
　　第一节　法的创制概述 …… 101
　　第二节　立法体制 ………… 106

第三节　立法程序 ………… 109

本章小结 ……………… 112

思考与练习 …………… 112

第八章　**法的实施与监督**　**114**

第一节　法的实施 ………… 114

第二节　法律责任 ………… 121

第三节　法律监督 ………… 125

本章小结 ……………… 130

思考与练习 …………… 130

第九章　**法与社会**　**133**

第一节　法与经济 ………… 133

第二节　法与政治 ………… 137

第三节　法与道德 ………… 141

第四节　法与科学技术 …… 144

第五节　法与生态文明 …… 147

本章小结 ……………… 149

思考与练习 …………… 149

第十章　**依法治国,建设社会主义法治国家**　**152**

第一节　法治的含义 ……… 152

第二节　依法治国 ………… 156

第三节　全面推进法治中国
　　　　建设 …………… 165

本章小结 ……………… 169

思考与练习 …………… 169

参考文献　**171**

第一章　法

学习目标

知识目标：了解法的词源，广义的法和狭义的法的区分，法的分类；掌握法的定义、特征；理解法的本质。

能力目标：能通过法的字形的演变认识我国历史上法的不同含义；能运用法的各个特征区分法与道德、习惯和其他社会规范；能通过对法的本质的学习，理解法对社会秩序建立的重要作用。

第一节　法的含义

引例

中国古代关于神兽决狱的传说。相传历史上大舜曾委任一位名叫皋陶的人为司法官。皋陶正直无私、执法公正，非常受人爱戴。他在处理案件时，若有疑难，就令人牵出一头神兽，该神兽名廌(音 zhì)(图 1-1)，又名獬豸，俗称独角兽。獬豸有分别罪与非罪的本能，有罪则触，无罪则不触。见人争斗时，用它的一只角向无理、有罪的一方触去，是非曲直，立见分晓。此后獬豸被视为公平、正义的象征。今天，很多大学法学院的门口也常常摆放獬豸的塑像。

试问：你如何看待古代神兽决狱这种审案方式？

图 1-1　廌

分析

神兽决狱是古时候人们在案件是非曲直难以分辨时如何进行裁判的传说，是原始社会人们采取的非理性的裁判方式，在当时人们神灵崇拜的特定历史条件下对疑难案件的处理起到了一定作用。

一、法的词源

古时的"法"字,在西周铭文中写作"灋"。汉代许慎《说文解字》说:"灋,刑也。平之如水,故从水;廌所以触不直者去之,从去。"灋由三部分组成:氵、廌、去。氵,喻示法像水一样平,是为公平、公正。廌,神兽。《说文解字》说:"解廌,兽也。似山羊一角。古者决讼,令触不直。"在这里,廌为独角神兽,代表正直、正义、公正,能为人分清是非曲直、对错。去,"人相违也",即对不公正行为的惩罚。也有人认为是指判决把人从原来的部落、氏族中驱逐出去,于水上凛去(古代之流刑),或交由神明判决,由神兽"触不直者去之"。

在中国古代,法还被称为刑,法与刑通用。如夏朝之《禹刑》、商朝之《汤刑》、周朝之《吕刑》,春秋战国时期有刑书、刑鼎、竹刑。这里的刑,泛指刑罚。《盐铁论》中说:"法者,刑罚也,所以禁暴止奸也。"法又往往与律通用,自商鞅变法,法被改为律。我国古代法典大都称为律,如秦律、汉律、魏律、晋律、隋律、唐律、明律、清律,只有宋代称刑统,元朝称典章。律原为音乐之音律,音乐只有遵守音律,才能和谐,否则杂乱无章。律后来引申为规则、有序,"范天下之不一而归于一",成为规范所有人及其行为的准则。

总结古时法的各种含义,其中最为重要的意义是:① 法象征着公正、正直、普遍、统一,是一种规范、规则、秩序。② 法具有公平的意义,是公平断讼的标准和基础。③ 法是刑,具有惩罚性,是由刑罚加以保障的。

□ 知识链接

从语源来说,西方的"法"一词都来自拉丁文。 拉丁文中为 jus,英文中为 law。 在欧陆语言中,表示法的词通常有两个,如德语的 Recht 与 Gesetz,法语的 droit 与 loi,前者包含了正义、权利,后者单纯指法律。 总的来说,西方法的核心首先是正义(公平、公正),是正义的化身,其次是权利,最后是规则。

二、法的词义

在现代汉语中,"法律"一词通常有广义和狭义两种用法。广义的法律,即整体或抽象意义的法律,是指所有的法律规范、法律现象,包括由国家制定的宪法、法律、法令、条例、决议、指示、规章等规范性法律文件和国家认可的惯例、习惯、判例、法理等。在中国,法律包括:作为根本法的宪法,全国人大及其常务委员会制定的法律,国务院制定的行政法规,省级及设区的市的国家权力机关制定的地方性法规,国务院各部委(包括中国人民银行、审计署和具有行政管理职能的直属机构)制定的部门规章,省级及较大的市的人民政府制定的地方政府规章,等等。狭义的法律,即特定或具体意义上的法律,是指拥有立法权的国家机关根据法定权限,依照法定程序所制定的规范性法律文件。在中国其仅指全国人民代表大会制定的基本法律[如《中华人民共和国刑法》(以下简称《刑法》)、《中华人民共和国刑事诉讼法》(以下简称《刑事诉讼法》)、《中华人民共和国民法典》(以下简称《民法典》)等]以及全国人民代表大会常务委员会制定的非基本法律[如《中华人民共和国治安管理处罚法》(以下简称《治安管理处罚法》)、《中华人民共和国食品安全法》(以下简称《食品安全法》)、《中华人民共和国环境保护法》(以下简称《环境保护法》)等]。

人们在日常生活中所使用的"法律",多数是广义上的,如法律面前人人平等,有法可依、有法必依、执法必严、违法必究,依法治国,建设社会主义法治国家等;当讲到全国人民代表大会常务委员会有权撤销同宪法、法律和行政法规相抵触的地方性法规时,这里的"法律"是在狭义上使用的。在本书中如果没有特别指出,法一般指的是广义上的法。

想一想:
同学们怎样会接触到法,你都接触过哪些法律?

三、法的定义

结合以上的分析,我们把"法"表述为:法是由国家制定或认可并依靠国家强制力保证实施的,以权利和义务为主要内容的,反映由特定社会物质生活条件所决定的统治阶级意志的行为规范的总和。

分析问题

第二次世界大战时期,德国希特勒的纳粹政权颁布了大量驱逐、屠杀、清洗犹太人的法律,超过600万犹太人因此被屠杀。这样的法律是由德国的议会通过并以国家的名义发布的,在形式上完全具备了我们对法所下的定义。但这样的法律因为严重背离了人性和正义的要求,而被世人称为"恶法"。请同学们思考一下:人们是否应当遵守这样的"恶法"?

分析

纳粹政权颁布的这些驱逐、屠杀、清洗犹太人的法律虽然是由立法机关制定并以国家的名义发布的,具备了法的形式,但这样的法律严重背离了人性和正义的要求,是"恶法",人们不应当遵守。

第二节　法 的 特 征

2020 年 12 月 26 日,《中华人民共和国刑法修正案(十一)》(以下简称《刑法修正案(十一)》)由中华人民共和国第十三届全国人民代表大会常务委员会第二十四次会议通过,自 2021 年 3 月 1 日起施行。该修正案修改内容涉及多个领域的刑事法律问题。将最低刑事责任年龄由 14 岁降低至 12 岁。新增了多个罪名:袭警罪、抢夺方向盘罪、冒名顶替罪、侮辱、诽谤英烈行为犯罪、高空抛物罪、非法植入基因编辑罪等。针对当前社会中频发的抢夺公交车方向盘、高空抛物、侮辱和诽谤英烈等行为,通过修正案的形式,解决了社会生活中存在的刑事立法空白,使得司法机关惩治上述行为有法可依,有力地维护社会秩序。

试问:《刑法修正案(十一)》的修改内容体现了法的哪些特征?

其体现了"法是调控人们行为的社会规范""由国家制定或认可的,具有国家意志性的社会规范""规定人们权利和义务的社会规范"这些特征。

法的特征是法本身所固有的、确定的属性,是使法成为法并区别于其他社会现象的本性。法的特征主要表现在以下四个方面:

一、法是调控人们行为的社会规范

(1) 法是一种社会规范,告诉人们该做什么、不该做什么。社会是由人构成的集合体,人与人之间要和谐地共处,需要遵守一定的规则。调整人与人之间关系的规范有很多,主要包括风俗习惯、宗教规范、道德规范、法律规范、经济规范、政治规范,等等。这些规范的目的、功效、功能各不相同,但却共同促进了社会的和谐、有序。现代社会,调整人们行为的社会规范有很多种,法只是最重要的一种社会规范。

(2) 法是针对人的行为而设定的规范。于法律来说,不通过行为控制就无法调整和控制社会关系。这是法律区别于其他社会规范的重要特征之一。比如道德规范是通过思想控制来调整社会关系的,政治规范是通过组织控制或舆论控制来调整社会关系的。

(3) 法作为一种调整人的行为和社会关系的社会规范,在形式上具有一般性、普遍性和明确性的特点。

①法的一般性是指法规定一般的行为模式,即法制定抽象的权利、义务。比如《民法典》26条规定:"父母对未成年子女负有抚养、教育和保护的义务。成年子女对父母负有赡养、扶助和保护的义务。"

②法的普遍性是指在法的效力范围内,法对于所有人和事都有普遍的约束力。比如《刑法》第232条规定:"故意杀人的,处死刑、无期徒刑或者十年以上有期徒刑;情节较轻的,处三年以上十年以下有期徒刑。"这表明触犯这一犯罪行为的人,都适用此规定。

③法的明确性是指法作为调整人们行为的规范非常清楚地规定了人们的行为模式。法肯定哪些行为,禁止哪些行为,应该做什么,必须做什么,都是明明白白规定出来的。法的明确性在一定程度上也要求法律制定出来后,在一定时期内应保持相对的稳定性,不能经常变化,否则会使人们无所适从。

想一想:
路上的行人和车辆如果都不遵守交通法规会是什么样子?

二、法是由国家制定或认可的,具有国家意志性的社会规范

法与国家是相伴而生的,法是由国家制定、认可、解释的社会规范,是以国家的名义颁布实施的,因而具有国家意志性的特点,这是法区别于其他社会规范的重要特征。

议一议:
同样都是调整人们行为的规范,法律和校规校纪、公司纪律有什么区别?

(一)制定、认可、解释是法创制的三种主要方式

法的制定是指国家机关通过一定的权限和程序,创制新的法律规范。制定是最主要的法的产生方式。

法的认可是国家对既存的行为规则予以承认,赋予其法律效力。认可通常有两种情况:第一,赋予社会上早已存在的某些一般社会规则,如习惯、经验、道德、宗教、习俗、礼仪,使之具有法律效力;第二,通过加入国际组织、承认或签订国际条约等方式,认可国际法规范。

法的解释是指有权的国家专门机关依照法定权限和法定程序,根据一定的标准和原则对法律所进行的阐释。这种阐释往往会赋予法律在新的时代背景下新的含义,创设出新的规则。比如,根据司法实践遇到的情况,全国人大常委会对《刑法》第341条进行解释:知道或应当知道是国家重点保护的珍贵、濒危野生动物及其制品,为食用或者其他目的而非法购买的,属于刑法第341条第1款规定的非法收购国家重点保护的珍贵、濒危野生动物及其制

品的行为。

（二）法的国家性

法律出自国家，具有国家性。第一，法是以国家的名义创制的。尽管它是统治阶级意志的体现，但它不能只反映统治阶级的利益，法律需要在全国范围内实施，就要求以国家名义来制定和颁布。第二，法律的适用范围通常是以国家主权为界域的，以属地原则为基础。这是区别于以血缘关系为范围的原始习惯的重要特征。第三，法律是由国家强制力保证的。

三、法是规定人们权利和义务的社会规范

作为一种特殊的社会规范，法以规定人们权利和义务为主要内容。它以权利和义务为机制，通过权利和义务的配置和运作，影响人们的行为动机，指导人们的行为，实现社会关系的调整。

法律上的权利和义务是相对应的范畴。一般说来，凡是法律规定人们可以如此行为的，就是授予人们进行某种行为的权利，人们如此行为后获得的利益受到法律的保护。凡是法律规定人们应该做的或禁止做的行为，就是人们应该承担的法律上的义务，违背了义务就要承担法律上的不利后果。法律通过规定人们的权利和义务来分配利益，影响人们的动机和行为，进而影响社会关系。权利意味着利益，义务意味着负担。权利以其特有的利益导向和激励机制作用于人的行为，鼓励人们做法律允许大家做的事。而违背法律规定的义务就意味着利益的丧失，所以它能促使人们不做法律禁止并且最终不利于自己的事。简单讲，按照法律许可的范围去做就可以获得受法律保护的利益，违背法律规定的义务将承担不利的后果。权利和义务以其特有的激励和约束机制作用于人的行为，使人们从有利于自身利益的角度出发来选择行为，这就是法律的利导性。

想一想：

中华人民共和国公民享有哪些基本权利，需要履行哪些基本义务？

四、法是由国家强制力保障实施的社会规范

法律的实施是由国家强制力保障的，如果没有国家强制力做后盾，那么法律在许多方面就变得毫无意义。违反法律的行为如果得不到惩罚，法律所体现的意志也就得不到贯彻和保障。国家强制力是指国家的军队、警察、法庭、监狱等有组织的国家暴力。尽管许多社会规范也有强制力，但是其他社会规范的强制力不具有国家性。是否具有国家强制力保障是法律与其他社会规范的重要区别，比如道德规范就不具有国家强制力。由于法律是国家创制并以国家强

制力保证实施的,因而法律具有统一性、普遍性和权威性。法律在全国范围内形成统一的体系,并统一、普遍地实施,对一切人和事有约束力,具有极高的尊严和权威。法律的权威有两种,一种是通过国家强制力来建立和维护的;另一种是靠法律自身的优良品格(如公正、科学、民主、效率等)使权威在人们心中得以真正地建立。

值得注意的是,法律的强制力具有潜在性和间接性。这种强制性只在人们触犯法律时才会降临行为人身上。法律的强制力并不意味着法律实施过程的任何时刻都需要直接运用强制手段,当人们自觉遵守法律时,法律的强制力并不显露出来,而只是间接地起作用。法律的强制力也不等于纯粹的暴力。法律的强制力是以法定的强制措施和制裁措施为依据并由专门的机关依照法定程序执行的。另外,法律强制力不是法律实施的唯一保证力量,法律的实施还依靠诸如道德、人性、经济、文化等方面的因素。

议一议:

如果我们小时候不听爸爸妈妈的话可能会怎样? 如果我们在公交车上没有给老弱病残和怀抱婴儿的人让位又会怎样? 如果我们不遵守校规校纪会怎样? 如果我们违反了国家的法律将会面临怎样的后果呢?

分析

调整人们行为的社会规范有很多,比如家规族规、道德规范、校规校纪、法律规范等。但法律规范因为代表国家意志是以国家强制力做保障的,所以违反法律将承担刑事、民事、行政等方面的法律责任。

第三节　法 的 本 质

引例

《中华人民共和国宪法》(以下简称《宪法》)关于人民主权的相关规定:

第2条　中华人民共和国的一切权力属于人民。人民行使国家权力的机关是全国人民代表大会和地方各级人民代表大会。人民依照法律规定,通过各种途径和形式,管理国家事务,管理经济和文化事业,管理社会事务。

第3条　中华人民共和国的国家机构实行民主集中制的原则。全国人民代表大会和地方各级人民代表大会都由民主选举产生,对人民负责,受人民监督。国家行政机关、监察机关、审判机关、检察机关都由人民代表大会产生,对它负责,受它监督。

试从法的本质的角度分析我国宪法的上述规定。

法是统治阶级意志的集中体现。《宪法》第 2 条和第 3 条以根本法的形式确立了我国的一切权力属于人民，集中反映了我国的国家性质。

马克思主义关于法的本质的学说主要是从法的国家性、阶级性、物质决定性来分析，把法的本质归结为：法是统治阶级意志的集中体现，并最终是由一定时期的物质生活条件所决定的。

☐ 知识链接

关于法的本质究竟是什么，很多学者都进行过不懈的探索，形成了神意说、规则说、理性说、民族精神说等学说。比如我国古代把法看作上天的意志，而皇帝是代表上天来统治世界的，是天子，皇帝说的话就是法。

一、法是统治阶级意志的体现

法是以国家的名义颁行的，最终反映的是统治阶级的意志。这里讲的统治阶级意志，是指作为整个统治阶级的共同意志，而不是统治阶级中某一部分人的意志，更不是统治阶级中个别人的任性或恣意横行。对统治阶级中个别人的任性和恣意横行，法也会加以制裁，这正是为了维护统治阶级整体利益的需要，这表明法是体现了整个统治阶级的意志的，是维护整个统治阶级的根本利益的。

☐ 知识链接

2021 年 8 月 20 日，十三届全国人大常委会第三十次会议表决通过《中华人民共和国法律援助法》，并于 2022 年 1 月 1 日起施行，意味着我国法律援助工作翻开了新篇章。该法确立了"以人民为中心"的法律原则，其出台和实施有利于保障公民的权利得到平等实现，维护经济困难群众和有关当事人的合法权益，有力地促进司法公正，维护宪法的权威。

二、法所体现的内容最终是由统治阶级的物质生活条件决定的

法是以统治阶级意志为内容的国家意志，但这绝不是说法是以这种意志为基础的，统治阶

级想怎么样就可以怎么样,更不意味着这种意志创造了社会经济关系。相反,社会存在决定社会意识,经济基础决定上层建筑。有什么样的经济基础,就有什么样的上层建筑。掌握国家政权的统治阶级要制定法律,只能从社会现有的、统治阶级赖以存在的物质条件出发,受到这种条件的制约。同时,物质生活条件变化,统治阶级意志的内容随之变化,法律也必然随之发生变化。所谓社会物质条件,是由地理环境、人口状况、生产方式等方面构成。法所体现的统治阶级意志的内容由其物质生活条件决定,意味着统治者在创制法时必须注意现实的经济条件,不能违背客观的经济规律,否则法就会失去生命力。

想一想:

为什么奴隶社会没有制定打击盗版或保护知识产权的相关法律?

三、经济以外的因素对法的影响

经济基础是决定法的根本因素,但并非唯一的因素,因为经济以外的许多因素,如政治、思想、道德、文化、历史传统、民族、宗教、习惯等,对法的本质和发展,也具有不同程度的影响。一个简单的事实是:经济制度和经济发展水平相同或者相近的几个国家,甚至是同一个国家的不同地区,它们的法也可能存在千差万别的情况。当然,形成这种差别的原因很多,也很复杂,但经济以外的因素肯定起了重要的作用。实际上,经济基础是决定法的根本因素,经济以外的因素对法有影响,这只是从整体意义上说的。对某些具体的法律条文、法律规范、法律制度以至法律传统的形成来说,经济以外的因素甚至具有决定性的作用。

□ 分析问题

关于私营经济的法律地位,我国现行宪法分别在 1988 年、1993 年、1999 年、2004 年、2018 年进行了五次修正。1988 年的《中华人民共和国宪法修正案》(以下简称《宪法修正案》)第 1 条规定:"国家允许私营经济在法律规定的范围内存在和发展。私营经济是社会主义公有制经济的补充。国家保护私营经济的合法权利和利益,对私营经济实行引导、监督和管理。"1999 年的《宪法修正案》第 16 条把这一条修改为:"在法律规定范围内的个体经济、私营经济等非公有制经济,是社会主义市场经济的重要组成部分""国家保护个体经济、私营经济的合法的权利和利益。国家对个体经济、私营经济实行引导、监督和管理"。2004 年的《宪法修正案》第 21 条又进一步规定:"国家保护个体经济、私营经济等非公有制经济的合法的权利和利益。国家鼓励、支持和引导非公有制经济的发展,并对非公有制经济依法实行监督和管理。"

请谈一谈你对上述宪法修正案的看法。

物质生活条件发生变化,统治阶级意志的内容也随之变化,法律也必然随之发生变化。这些宪法修正案表明国家对非公有制经济的态度在不断地发生变化,这正说明了法的本质。

扫码观看

法的分类

第四节　法 的 分 类

引例

2020 年 10 月 17 日,第十三届全国人民代表大会常务委员会第二十二次会议第二次修订《中华人民共和国未成年人保护法》(以下简称《未成年人保护法》),修订后的未成年人保护法分为总则、家庭保护、学校保护、社会保护、网络保护、政府保护、司法保护、法律责任和附则,共九章 132 条。2021 年 6 月 1 日,新修订的《未成年人保护法》正式实施,加强了对未成年人的保护,成为为少年儿童送上的"儿童节礼物"。

试问:从法的分类角度分析,《未成年人保护法》属于什么类型的法?

分析

从法的分类来看,《未成年人保护法》是成文法、实体法、普通法和特别法、国内法。

一、法的分类概述

法的分类,就是从不同角度,按照不同的标准,将法律规范划分为若干不同的种类。对法进行分类的首要目的是更全面、准确地理解法律的概念。另外,对不同时期和国家法分类后的比较分析,有助于我们探索法律发展和运行过程中的一些带有规律性的问题。法的分类需要遵循一定的标准,根据不同的标准,会形成不同的分类。例如,以国家为标准,可以把法分为中国法、美国法、英国法等。以调整对象为标准,可以把法分为宪法、民法、刑法、经济法等。我们在这里学习的法的分类,主要侧重于从形式上对法进行分类。

二、法的一般分类

法的一般分类是指世界上所有国家都适用的法的分类,它们主要有下列五种类型:

（一）成文法和不成文法

这是按照法的创制方式和表达形式为标准对法进行的分类。成文法是指由特定国家机关制定颁布，以不同等级的规范性法律文件形式表现出来的法律规范，故又称"制定法"。不成文法是由国家机关以一定形式认可其法律效力，但不表现为成文的规范性法律文件形式的法律规范，一般是指习惯法。英美法系的判例法是由法院通过判决创制的法，它虽然表现为文字形式的判决，但不同于由法定立法机关制定的规范性法律文件，因此通常将判例法视为与制定法相对应的一种法律渊源，归入不成文法一类。

> □ **知识链接**
>
> 世界上第一部成文法——《汉谟拉比法典》（图1-2）是目前所知的世界上第一部比较完整的成文法典。 法典竭力维护不平等的社会等级制度和奴隶主贵族的利益，比较全面地反映了古巴比伦社会的情况。 法典分为序言、正文和结语三部分。 正文共有282条，内容包括诉讼程序、保护私产、租佃、债务、高利贷和婚姻家庭等。
>
> 它当时是世界上最完整的法典。

图1-2　汉谟拉比法典

（二）实体法和程序法

这是按照法律规定内容的不同为标准对法进行的分类。实体法规定的权利和义务直接来自人们在生产和生活中形成的相互关系的要求，如所有权、债权、政治权利义务，通常表现为民法、刑法、行政法等。程序法的主要内容是规定主体在诉讼活动和非诉讼活动中的权利和义务，也即主体在寻求国家机关对自己权利予以支持的过程中的行为方式，这种权利和义务是派生的，其作用在于保证人们在实际生活中享有的法律权利得以实现。比如《中华人民共和国民事诉讼法》（以下简称《民事诉讼法》)《刑事诉讼法》《人民调解法》《仲裁法》。

（三）根本法和普通法

这是根据法律的地位、效力、内容和制定主体、程序的不同为标准对法进行的分类。在采用成文宪法的国家，根本法是指宪法，在国家法律体系中享有最高的法律地位和法律效力。宪法的内容和制定、修改的程序都不同于其他法律。普通法是指宪法以外的其他法律。普通法的内容一般只涉及社会生活的某一方面，如民法典、行政法、刑法等，其法律效力低于宪法。

（四）一般法和特别法

这是按照法的适用范围的不同对法所做的分类。一般法是指在效力范围上具有普遍性的法律，即针对一般的人或事，在较长时期内，在全国范围普遍有效的法律。特别法是指对特定主体、事项,在特定地域、特定时间有效的法律。

（五）国内法和国际法

这是以法的创制主体和适用主体的不同而做的分类。国内法是指在一主权国家内,由特定国家法律创制机关创制的并在本国主权所及范围内适用的法律;国际法则是由参与国际关系的国家通过协议制定或认可的,并适用于国家之间的法律,其形式一般是国际条约和国际协议等。

□ 分析问题

《宪法》是属于成文法还是不成文法？ 是属于实体法还是程序法？ 是属于根本法还是普通法？是属于一般法还是特别法？ 是属于国内法还是国际法？

分析

《宪法》属于成文法、实体法、根本法、一般法、国内法。

■ 本章小结

人类社会对法的认识经历了极其漫长的过程。 法作为一种调整人们行为的社会规范,与其他的社会规范相比,具有显著的特点。 法是由国家制定或认可的,并由国家强制力保证实施的。 法是以权利和义务为调整机制的。 法从本质上体现的是统治阶级意志,法的内容最终是由特定的物质生活条件所决定的。 通过从形式意义上对法的观察,我们可以按照不同的标准把法分为: 成文法和不成文法、实体法和程序法、根本法和普通法、一般法和特别法、国内法和国际法。

■ 思考与练习

一、 单项选择题

1. 法是统治阶级（　　　）。

    A. 整体意志　　　　　　　　　　B. 个别意志的综合

    C. 每一个成员意志的综合　　　　D. 全社会的意志

2. 法的最终决定因素是（　　　）。

    A. 物质生活条件　　　　　　　　B. 国家意志

    C. 统治阶级意志　　　　　　　　D. 个别领导意志

3. 在阶级对立的社会中,法的实施主要靠（　　　）。

    A. 社会舆论监督　　　　　　　　B. 国家强制力

C. 自觉遵守
D. 领导威信

4. 法的本质属性是（　　　）。

A. 法的国家强制性
B. 法的规范性

C. 法的公平性
D. 法的教育作用

5. 按法的创制方式和表达形式，可以把法分为（　　　）。

A. 实体法和程序法
B. 成文法和不成文法

C. 根本法和普通法
D. 一般法和特别法

二、多项选择题

1. 法创制的主要方式有（　　　）。

A. 法的制定
B. 法的认可

C. 法的解释
D. 法的颁布

2. 法具有（　　　）。

A. 规范性
B. 阶级意志性

C. 国家强制性
D. 物质制约性

3. 法在我国古代曾被称为（　　　）。

A. 刑
B. 律

C. 罚
D. 罪

4. 我国《刑法》属于（　　　）。

A. 成文法
B. 不成文法

C. 实体法
D. 程序法

5. 法作为一种社会规范，在形式上具有（　　　）特点。

A. 一般性
B. 普遍性

C. 明确性
D. 特殊性

三、判断题

（　　　）1. 在中国古代，法还被称为罚，法与罚通用。

（　　　）2. 法在形式上具有一般性、普遍性和明确性的特点。

（　　　）3. 法是由国家制定、认可、解释的社会规范，具有国家意志性。

四、名词解释

1. 法

2. 法的明确性

3. 成文法

4. 根本法

五、简答题

1. 简述法的特征。

2. 简述法的分类。

在班级举办一场分组讨论会，讨论会主题为"如果这个社会没有了法律会怎样?"讨论结束后，每一小组选派代表上台总结本组观点。 最后由全班同学共同归纳法律存在的意义。

第二章　法的产生与发展

学习目标

知识目标：了解法产生的历史背景,不同历史类型的法的特点;掌握法产生的主要标志和基本规律;理解并掌握大陆法系和英美法系各自的特点和相互区别。

能力目标：能分析法产生的社会条件;能认识法历史类型更替的实质原因;能归纳出我国法律制度大体归属于何种法系。

第一节　法 的 产 生

引例

历史故事《赵氏孤儿》,讲述的是战国时期,晋国权臣屠岸贾假借君主的名义杀了政敌赵朔一家300多人。只有赵氏孤儿,经门人程婴、公孙杵臼舍命搭救并抚养成人。20年后赵氏孤儿得知自己的身世后,擒杀屠岸贾,为赵家报仇。

试问:为什么在古代,人们倾向于选择复仇这样的权利救济方式?

分析

在法律产生的初期,法律权威在社会上还未确立起来,人们解决纠纷的方式仍习惯于固有的血亲复仇。

法作为一种社会现象,不是从来就有的。法是人类社会不断演变的必然结果,是伴随着国家的产生而产生的。法的产生的主要问题包括历史背景与社会条件、主要标志和一般规律。

一、法产生的历史背景与社会条件

人类社会的发展,经历了从原始社会、奴隶社会、封建社会到资本主义社会和社会主义社会的漫长发展过程。作为国家制定或认可的法,是伴随着国家的产生而产生的。

 想一想：

在没有法的原始社会，人们是怎样维持社会秩序的?

(一)原始社会及其社会形态

原始社会是人类社会发展的第一阶段,原始社会的人类以血缘亲族关系为基础而聚居在一起,生产力水平低下,生产资料公有,经济生活采取平均主义的分配办法。对社会的控制则靠传统、习惯和家长的权威来维系。这种以血缘关系为纽带而逐渐发展起来的社会群体结构被称为氏族,氏族是原始社会的基本组成单位。

□ 知识链接

恩格斯在《家庭、私有制和国家的起源》中引述摩尔根的说法，把氏族内部的习俗（习惯）归纳为：① 推选首领及首领的职权的习惯；② 关于撤换氏族首领的习惯；③ 关于氏族成员婚配的习惯；④ 关于氏族成员去世后对其财产如何处理的习惯；⑤ 关于氏族成员如何处理相互之间的关系以及如何解决同外氏族及其成员发生冲突的习惯；⑥ 关于氏族名称以及氏族名称与氏族权利之间的关系的习惯；⑦ 关于收养外人入族的习惯；⑧ 关于氏族节日及其礼拜仪式的习惯；⑨ 关于氏族墓地的习惯；⑩ 关于氏族议事会的组成及职权。

(二)原始社会的解体以及国家的出现

在原始社会末期的三次社会大分工的作用下,社会生产力得到较大程度的提高,社会剩余产品不断增加。社会中的一部分人,比如氏族首领,开始利用手中的特权占有各类剩余产品,私有制由此登上历史舞台。同时,为了生产出更多的剩余产品,增加私有财产,减轻自己的劳动负担,战俘不再被杀死,而是被强迫参加劳动,成为最初的奴隶。氏族内部也逐渐发生了贫富分化,不仅存在自由人和奴隶,也开始出现富人和穷人的区别,阶级社会由此产生。那些掌握生产资料、社会财富和武装力量的人成为社会的统治阶级,大量的平民和奴隶成为被剥削和被管理的对象。统治阶级修建城池、设立管理机构、制定法令,建立有利于自己的社会秩序。原先的氏族公社组织被新型的组织体——国家所取代。

图 2-1　启

二、法产生的主要标志

　　法的产生经历了一个很长的历史阶段，它的最终产生以下述现象为标志：

（一）国家的产生

　　国家的产生是原始社会末期阶级斗争激化的产物和表现。和以前的氏族组织相比，国家有了显著的不同，权力集中在了少数人手中，其职责在于维护当权者的利益，特别是有了专门的暴力机构，如军队、法庭、监狱之类的设置。一些习惯得到了国家的认可，一些规范由国家制定出来，这些规范的实施最终是靠强制力来保障的。这与在原始社会里，人们出于认同、习惯和舆论压力而使自己的行为和原始习惯相一致有了显著的不同。

（二）社会成员的权利和义务的分离

　　恩格斯在《家庭、私有制和国家的起源》中指出："在氏族制度内部，权利和义务之间还没有任何差别；参加公共事务，实行血族复仇或为此接受赎罪，究竟是权利还是义务这种问题，对印第安人来说是不存在的；在印第安人看来，这种问题正如吃饭、睡觉、打猎究竟是权利还是义务的问题一样荒谬。"上述情况随着国家和法的产生发生了很大的变化：财产的私有得到了法的确认与保护，"你的""我的""他的"界限开始清楚；社会成员不再是平等的了，而是被划分为不同的社会阶层，不同的社会阶层享有不同的权利和义务，等级森严，违反相应的规范将会招致严厉的惩罚。

（三）诉讼和司法的出现

在原始社会,缺少专门的司法机关,纠纷的解决一般是以私力救济的形式来进行的。私有制、阶级的产生和存续相对于以往的社会事实来说,增加了产生纠纷的可能与强度。这其中,既有统治者和被统治者之间的冲突,也有社会成员之间的冲突和纠纷。而调节冲突和纠纷,维持基本的社会秩序,尽可能降低社会运行过程中的损耗,关乎统治者的利益。因而,随着国家的形成,司法机关也同时正式产生。各种纠纷需要通过公力救济的形式来解决,同时,这也使得文明的诉讼形式取代了野蛮的暴力复仇,使人们得以通过非暴力的形式解决彼此之间的争端。

□ **知识链接**

皋陶(图2-2),与尧、舜、禹同为"上古四圣",是舜帝执政时期的士师,相当于国家司法长官,负责氏族政权的刑罚、监狱、法治,是中国远古时代最著名的法官。史书上说皋陶为大理,天下无虐刑、无冤狱,那些卑鄙的小人非常畏惧,纷纷逃离,致使天下太平。

图2-2 皋陶

三、法产生的一般规律

法律从无到有、从萌芽初现到最终形成一种基本制度,在不同的民族和社会中经历了不同的具体过程。然而,在纷繁复杂、差别明显的表象背后,却可以发现一些一般的、共同的规律。这种规律主要表现在以下四个方面:

（一）法律制度是在私有制和阶级逐渐形成的社会背景下孕育、萌芽,并与国家组织相伴确立和发展起来的

法律并不是与人类社会同步出现的现象,它的孕育、萌芽和最终形成需要特定的社会条件,只有在共同利益分化为众多的个体利益并导致普遍的利益冲突,仅靠道德、传统和舆论不足以有效维持社会存在与发展所必需的基本秩序时,法律的产生才成为必要和可能。而社会生产力发展所导致的私有制关系、阶级分裂和原始社会调节机制的崩溃,恰恰创造了法律形成的社会条件。同时,国家形成过程促进了法律的形成,反过来,它也确认和助长了国家组织对氏族组织的取代。

（二）法律制度形成过程是从个别调整发展为规范调整的过程

法律萌芽之初，对行为的调整是针对个别行为采取的。例如，最初的产品交换只是偶然的个别现象，对这种关系的调整也表现为个别调整。个别调整方式和具体情况直接联系，针对性强，但带有较大的不确定性和不可预见性。在法律调整的实践中，随着偶尔的个别行为演变成比较常见的行为，个别调整所临时确定的规则便逐渐发展成为经常的、反复适用的，不只是针对个别行为而是针对同一类行为的共同规则。共同规则的形成把对行为的调整类型化、制度化为一般调整，即规范调整。规范调整的出现是法律最终形成过程的关键性一环。这种规范调整形成了针对某一类行为和社会关系的稳定的调整机制，从而给处于该类行为领域和社会关系中的人们提供了明确的行为模式，这就使人们的行为相对地摆脱了偶然性和任意性，有利于社会秩序的形成和巩固。

（三）法律制度的形成经历了由习惯演变为习惯法，再发展成为成文法的长期过程

最初的法律规范大都是由习惯演变而来的，在法律制度形成的过程中，国家按照现行社会秩序的需要对原有习惯规范进行甄别取舍，继承一部分习惯规范，如关于宗教祭祀的习惯、关于婚姻制度的习惯，在可供选择的同类习惯中取缔某些习惯并保留另一些习惯，如有意识地禁止习惯所允许的血亲复仇和同态复仇，而保留赎罪的习惯和根据当事人身份来确定赎罪金数额的习惯；严厉取缔那些与现行秩序直接冲突的习惯。在经过国家有选择的认可之后，习惯就演变成习惯法。在社会生活变化幅度较大、习惯法不足以调整社会关系时，由国家机构有针对性地制定新的规则就成为必要，成文法由此而生。这样，一个与现存社会生活条件相适应的法律制度得以确立。

（四）法律、道德和宗教等社会规范从混沌一体逐渐分化为各自相对独立的规范系统

原始社会中的习惯，本身就是集各种社会规范于一体的，兼有风俗、道德和宗教规范等多重属性。在国家与法律萌芽之初，法律与道德和宗教等社会规范并无明显界限。随着社会管理经验的积累和文明的进化，对相近或不同行为影响社会的性质和程度有了区分的必要和可能，法律与道德规范和宗教规范及其调整的行为类型开始从混沌走向分化。这种分化在不同的社会所经历的过程有所不同，但是，使法律调整与道德调整和宗教调整相对区分开来，却是一个共同的趋势。

议一议：

电影《被告山杠爷》里的山杠爷是品质好、受人尊敬的村党支部书记。 村里有个年轻媳妇虐待婆婆，甚至还打伤了婆婆。 山杠爷看不过，在该媳妇屡次打骂其婆婆的情况下，命令人把这个媳妇抓了起来，游了村。 游村在民间是一种非常严厉的惩罚方式。 青年妇女在羞愧和愤恨之下，上吊死了。 事情报到了司法机关，公安人员逮捕了山杠爷，指控他非法拘禁、侵犯了公民人身自由权。 请谈谈对这部电影内容的看法。

四、法与原始习惯的区别

如前所述，法的产生是一个漫长的过程，是随着社会的发展由原始习惯发展演变而来的。然而，一种事物越过了一定的"临界点"变成另一种事物，它便具有自己的一些独有特征。法和原始习惯有以下不同之处：

（一）两者产生的方式不同

原始习惯的产生和发展并不经由特殊的权力机关，而是人们在共同生产和生活过程中，在相互联系中，逐渐地、自然而然地形成，并世代相传和演变下来的；法律是由国家有意识地制定或认可的，是掌握国家政权的社会集团基于自己的根本利益和整体利益，并出于维护和发展这种利益的目的而有意识地对原始习惯加以选择、确认或自觉创制的。因此，法的产生更体现了人的自觉意识，具有更为明确的实践指向和操作的可能性。

（二）两者体现的意志不同

原始习惯是在生产资料氏族公有制的经济基础上产生和存在的，体现氏族全体成员的共同意志，反映的是人们之间利益的一致性和平等关系；而法是在生产资料奴隶主占有制的经济基础上产生和存在的，要反映社会统治集团的意志，维护掌握政权的社会集团的根本利益。

（三）两者的根本目的不同

原始习惯调整社会关系的目的，在于维系氏族的血缘关系，维护原始人之间相互团结、平等互助、共同利益的社会关系和社会秩序；法调整社会关系的目的，在于确立和维护有利于社会统治集团的社会关系和社会秩序。由此可见，法带有强烈的政治倾向；原始习惯具有平等性，无政治色彩。

（四）两者适用的范围不同

原始习惯限于由血缘关系所结成的本氏族、部落范围内生效，适用于具有血缘亲属关系的同一氏族或部落的所有成员，与地域无关；法按地域划分其适用范围，即一般适用于一定地域中的所有居民，适用于国家权力管辖范围内的所有居民，与血缘无关。

（五）两者实施的方式不同

原始习惯和法都有各自的实施方式和制裁手段。原始习惯是通过社会舆论、氏族首领的威信、传统力量、人们的自觉和内心驱使等因素保证实施。原始习惯虽然也具有一定的外在强制属性,但不是由什么特殊的权力机关来强迫人们遵守,不具有国家强制性。即使血亲复仇这一氏族习惯的实施,也不依靠任何特殊的暴力机构,仅仅依靠氏族成员的自动武装组织来进行。而法是由国家通过军队、警察等暴力机关保证实施的,因而具有国家强制性。

想一想:

为什么原始社会只需要原始习惯就可以很好地运行? 今天的社会为什么必须依靠法律来治理? 今天社会中的习惯又是如何发挥其社会作用的?

第二节 法的历史类型

引例

不同历史时期的刑法对于法律适用的规定:

《十二铜表法》第8表第3条规定:"如用手或棒子打断自由人的骨头,则应缴纳罚金三百阿司,如为奴隶,则为一百五十阿司"。

《唐律疏议》曰:"周礼云,八辟丽邦法。今之八议,周之八辟也。礼云,刑不上大夫。犯法则在八议,轻重不在刑书也"。

我国《刑法》第4条规定:"对任何人犯罪,在适用法律上一律平等。不允许任何人有超越法律的特权。"

试问:不同时期法律在对人的保护上有哪些变化?

分析

原始社会和奴隶社会的法公开表明人与人之间的不平等。现代的法体现了法律面前人人平等的基本原则。

法在奴隶制社会产生后,随着社会制度的更替而不断演化、发展,在这一节我们将从历史的角度考察法演化的整个过程,以及在每个历史阶段,法所表现出来的基本特质。

法的历史类型是指依照法所依赖的经济基础的性质和反映的阶级本质的不同而对古今中外的法所做的基本分类。凡经济基础和阶级本质相同的法就属于同一历史类型。法不是永恒不变的,它总是不断进步的。人类进入阶级社会以后经历了四种社会形态,与之相对应,法有四种类型:奴隶制法、封建制法、资本主义法和社会主义法。

一、奴隶制的法律制度

（一）奴隶制法概述

奴隶制法是人类历史上最早出现的剥削阶级类型的法。世界上最早产生的奴隶制法是古代东方的埃及法、巴比伦法和中国法。古埃及在公元前3000年左右形成了中央集权的君主专制国家，法老（君主）的命令是主要的法律渊源。古代巴比伦国王汉谟拉比在公元前18世纪制定的《汉谟拉比法典》是世界上迄今为止完整地保留下来的最早的成文法典。中国奴隶制法产生于公元前21世纪，据史籍记载"夏有乱政，而作禹刑""商有乱政，而作汤刑"。很遗憾的是这些法典的原文均已失传。古代西方奴隶制法最具代表性的是古希腊法和古罗马法。其中，公元前449年颁布的《十二铜表法》是古罗马以原始习惯为基础的第一部成文法。6世纪东罗马皇帝优士丁尼在位时期，进行了大规模的法典编纂，先后编出《优士丁尼法典》《法学阶梯》《法学汇纂》以及后来增补的《优士丁尼新律》。这四部法律文件被后人统称为《优士丁尼民法大全》，反映简单商品经济关系，被恩格斯评价为"商品生产者社会的第一个世界性法律"。

□ 知识链接

公元前454年，罗马元老院被迫承认人民大会制定法典的决议，设置法典编纂委员10人，并派人赴希腊考察法制，至公元前451年制定法律十表，第二年又补充二表。这就是著名的《十二表法》。因各表系由青铜铸成，故习惯上称作《十二铜表法》（图2-3）。这是古罗马第一部成文法典。《十二铜表法》基本上是罗马人传统习惯法的汇编，表现出维护贵族和富裕平民利益的倾向，体现出古代罗马人的法治精神和奴隶制国家的本质特点，是共和时期罗马法律的主要渊源。

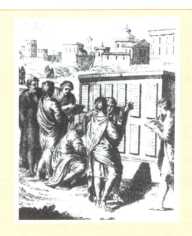

图2-3 古罗马《十二铜表法》的颁布

（二）奴隶制法的特征

由奴隶制法的本质所决定，各国的奴隶制法必然具有某些共同特征，主要表现在以下三个方面。

1. 确认和维护奴隶主对生产资料和奴隶的人身占有

奴隶制经济结构的特点，决定了奴隶制法在维护奴隶主对生产资料占有权的同时，还特别维护奴隶主对奴隶的占有权。这也是奴隶制法不同于其他剥削阶级法的一个突出的特征。按照奴隶制法的规定，奴隶是权利客体，是"会说话的工具"，奴隶主依法把奴隶视为自己的私有财产,对奴隶拥有绝对的占有权和支配权。

2. 惩罚手段极其野蛮、残酷

惩罚手段的野蛮、残酷突出地表现在刑罚量和刑苛重,广泛地使用死刑和肉刑,死刑方法名目繁多,手段残忍。如我国古代有大辟、车裂、醢、脯等;罗马法规定有烧死、钉在十字架上和放到角斗场让野兽撕吃等酷刑。

3. 公开反映和维护等级特权

奴隶制法公开规定不同等级的人有不同的法律地位。无论是在国家权力的分配上,还是在对国家承担的义务上,以及对违法犯罪行为实施惩罚上都按其社会等级不同而有差异。除明文规定奴隶的无权地位外,其还公开确认自由民之间的不平等。如罗马法将自由民分为三等:一等为全权公民即奴隶主;二等为释放的奴隶及收养的外来人,享有有限公民权;三等是外来人。

二、封建制的法律制度

（一）封建制法概述

封建制法是继奴隶制法之后出现的又一种剥削阶级类型的法,也是历史上存在最悠久的历史类型的法。世界上大多数国家都经历过自奴隶社会进入封建社会这一历史阶段。在中国,公开的成文法最早出现在春秋末期的郑国,其后,各诸侯国纷纷仿效,开辟了以成文法为主要渊源的中国封建制法的新纪元。到战国时期,李悝著《法经》六篇,它是中国第一部较系统的封建法典。以后商鞅在秦国变法,奉行《法经》,改法为律,并随着封建制国家的统一形成了全国统一的以律为主要形式的封建制法。其后,唐代的《唐律疏议》是中国封建制时代最具代表性的封建法典,它不仅影响唐后各代王朝法律,且对当时邻近中国的安南(今越南)、日本、朝鲜等国法律亦影响很大,形成独具特色的中华法系。在西欧,当时有多种法律并存,并相互交错渗透,如地方习惯法、罗马法、教会法以及国王的赦令等。在不同时期不同国家,各种法的地位也有所不同,总体上都经历了由分散的地方习惯法向全国统一的成文法的发展过程。

（二）封建制法的特征

由于封建制法建立的经济基础和体现的阶级本质相同,因而具有共同的基本特征,主要表现在:

1. 确认和维护农民或农奴对封建主阶级的人身依附关系

封建土地私有制是封建制度的基础,农民或农奴对封建主的人身依附关系是这种所有制的必然产物,是维持和加强封建剥削必不可少的条件,也是维持封建制生产关系不同于其他剥削制生产关系的一个重要特点。因此,封建制法在维护封建土地所有制的同时,确认和保护农民或农奴对封建主的人身依附关系。如在西欧以法兰西王国为例,封建领主将一部分土地交给农奴使用,农奴取得分地后,即被固定在土地上。法律规定,农奴不准自由离开土地,封建领主有权将农奴同土地一起出卖、抵押或转让。

2. 公开维护封建等级特权制度

等级特权制度是封建社会政治制度的重要组成部分。封建主阶级通过等级特权制度,组织本阶级的力量,建立和维护统治秩序。公开确认和维护封建等级特权是封建制法的一个重要特征。在中国,封建制法首先维护皇权的至高无上和皇族的特殊利益,"十恶"大罪首先是为维护帝王和皇室尊严而设立的。同时法律也维护大小贵族及大小官吏、地主的特权,如"官当""八议"等制度。在西欧,封建等级虽不如中国那么层次众多,但一般也分为贵族、僧侣和第三等级,第三等级不能享受特权,受尽盘剥。

□ **知识链接**

封建社会的"十恶"制度:十恶,原来称"重罪十条",设立于南北朝时期的《北齐律》中,是将严重危害国家利益和伦理道德的行为归纳成十条,放在法典的第一篇,以示为重点镇压对象。到隋唐时,定型为"十恶"。"十恶"的具体内容为:谋反、谋大逆、谋叛、恶逆、不道、大不敬、不孝、不睦、不义、内乱。如果犯了"十恶"中任何一条,一般是不能被赦免的(包括皇帝下旨赦免),也不能再享受各种封建贵族在法律上的特权,如"八议"或"上请"制度,即俗话说的"十恶不赦"。

3. 确认和维护封建地主阶级残暴的统治

封建社会经济文化的落后性以及封建统治者需要残暴的手段来迫使人民服从其统治,决定了封建制法必然是野蛮的、残酷的。在中国,封建制法虽革除了奴隶制时代的一些肉刑,但仍沿用奴隶社会"五刑"之名,规定为笞刑、杖刑、徒刑、流刑和死刑。其中死刑的方式有斩首、腰斩、枭首示众、车裂、凌迟等。此外,株连是中国封建制法的一大特征。在西欧,封建制刑法也极其残酷,如对背叛罪、渎神、神学"异端"等都处以酷刑。法律中也有株连的规定。

议一议:
中国封建社会历史上曾出现过几次盛世,比如著名的贞观盛世、开元盛世、康乾盛世,请同学们讨论一下封建法制在这其中所起的作用。

三、近现代资本主义法律制度

(一)资本主义法概述

资本主义法是社会生产方式发展到资本主义历史阶段的产物。工业革命后,资产阶级迅速发展壮大起来,并最后通过不同形式夺取了政权。此后,资本主义国家建立了历史上空前完备的法律体系。

　　世界上资本主义制度最早是在英国确立的。17世纪英国实现了资产阶级革命,创建了资本主义国家和法。但是英国资产阶级革命的一个重大特点是资产阶级和新贵族的妥协。这一特点在英国资产阶级的法律中也明显地反映出来。随着资产阶级革命在美、法等国的胜利,资本主义法也在这些国家产生和不断得到发展,1776年的美国《独立宣言》,第一次用纲领的形式体现了资产阶级的政治法律观念,1787年又制定了成文宪法《美利坚合众国宪法》。与英国的资产阶级革命不同,1789年的法国资产阶级革命是一次比较彻底的反封建的资产阶级革命。在这次资产阶级大革命中,产生了具有深远意义的《人权宣言》;1791年的法国宪法又以根本大法的形式确认了资产阶级革命胜利的成果;1804年的《法国民法典》,即著名的《拿破仑法典》,标志着法国资产阶级开始系统地制定、巩固和发展资本主义社会的基本法律。德国是在19世纪通过自上而下的改革,又通过普鲁士王朝的三次对外战争,最终于1871年实现全国统一的。德国的统一为资本主义的迅速发展提供了条件,也随之制定了一系列基本法典,其中影响最大的是1896年制定、1900年施行的《德国民法典》。

□ 知识链接

　　美国宪法是世界上第一部成文宪法。 美国宪法规定实行联邦制,肯定了以立法、行政、司法三权分立、相互制衡为原则的资产阶级民主共和政体。 这种政治体制和国家结构的形式后来为许多国家所仿效。 美国宪法也成为资本主义国家法制史上的代表法典,为美国的强大和繁荣奠定了坚实的法治基础。

（二）资本主义法的特征

1. 确认和维护以剥削雇佣劳动为基础的资本主义私有制

　　确认和维护资本主义私有制即资产阶级的财产权,是资本主义法律制度的核心内容。如1789年的法国《人权宣言》就明确规定:"财产是神圣不可侵犯的权利,除非当合法认定的公共需要所显然必要时,且在公平而预先赔偿的条件下,任何人的财产不得受到剥夺。"资本主义宪法对财产权做了原则性规定,其他法律特别是民商法对财产权的保护做了详尽的规定。

议一议:

18世纪,德国皇帝威廉一世在波茨坦修建了一座行宫。 一日,他登高远眺时,发现许多景物被一座古老的磨坊挡住了。 威廉一世大为扫兴,找到磨坊主想买下磨坊并拆除。 磨坊主不买账,威廉一世大怒,立刻派人将磨坊拆除。 磨坊主到法院告状,最高法院判决德皇重建磨坊,并赔偿磨坊主的损失。

请结合这个故事,从保护私人财产权的角度谈谈你的理解。

2. 确认资产阶级议会民主制,维护资产阶级的政治统治

确认和维护资产阶级政权的国家制度,是资本主义法律的重要内容。资产阶级夺取政权以后,将其在反封建专制的斗争中提出的民主政治主张和民主成果法律化,成为资本主义国家的基本的政治制度,以此维护资产阶级的政治统治。资本主义是民主政治,又是法治政治。民主政治主要体现在资本主义的议会制、选举制、政党制、三权分立制等内容上。

3. 确认和维护资产阶级的自由、平等和人权

17—18 世纪资产阶级启蒙思想家针对封建专制、封建特权和神权政治提出了自由、平等、追求幸福等天赋人权的口号和理论,成为当时新兴资产阶级和广大劳动人民反封建革命斗争的思想武器。资产阶级夺取政权后,便将这些政治口号具体化为宪法与法律权利成为资产阶级民主与法治的重要原则。如美国 1776 年《独立宣言》称:"我们认为这些真理是不言而喻的:人人生而平等,他们都从他们的造物主那边被赋予了某些不可转让的权利,其中包括生命权、自由权和追求幸福的权利。" 1789 年法国《人权宣言》也宣称:人们生来是而且始终是自由平等的,任何政治结合的目的都在于保存人的自然的不可动摇的权利。这些权利就是自由、财产、安全和反抗压迫。

想一想:

人生来是平等的吗? 对资产阶级法学家们提出的天赋人权,你是怎么理解的?

四、当代中国社会主义法律制度

当代中国社会主义法是中国共产党领导广大人民取得民主革命的胜利、建立新中国政权后,在摧毁旧的法律体系和继承革命根据地时期的法制成果的基础上建立起来的。

我国新民主主义革命阶段的各个时期的革命根据地都积极地开展了革命法制建设,为新中国法的产生奠定了基础。早在第一次国内革命战争时期,就出现了革命法制的萌芽。在第二次国内革命战争时期,根据地法制建设成绩显著,先后颁布了《中华苏维埃共和国土地法》《中华苏维埃共和国婚姻法》等法律、法令和法规,为革命根据地的巩固和发展起了重要作用。抗日战争时期,解放区的革命法制建设工作得到了进一步的发展,修改或重新制定了一系列的法律和法规,如《陕甘宁边区施政纲领》《陕甘宁边区土地条例》等。解放战争时期,面临国内新的形势,中国共产党发布了《中国人民解放军宣言》《中国土地法大纲》等施政纲领和法规,对保证人民解放战争的胜利和各项工作顺利开展,起了重大的作用。

1949 年中华人民共和国的建立,开启了中国法制建设的新纪元。从 1949 年到 20 世纪 50 年代中期,是中国社会主义法制建设的初创时期。这一时期中国制定了具有临时宪法性

质的《中国人民政治协商会议共同纲领》(以下简称《共同纲领》)和其他一系列法律、法令,对巩固新生的共和国政权,维护社会秩序和恢复国民经济,起到了重要作用。1954年第一届全国人民代表大会第一次会议制定的《中华人民共和国宪法》,以及随后制定的有关法律,规定了国家的政治制度、经济制度和公民的权利与自由,规范了国家机关的组织和职权,确立了国家法治的基本原则,初步奠定了中国法制建设的基础。20世纪50年代后期以后,特别是"文化大革命"期间,中国社会主义法制遭到严重破坏。

20世纪70年代末,中国共产党总结历史经验,特别是汲取"文化大革命"的惨痛教训,做出把国家工作中心转移到社会主义现代化建设上来的重大决策,实行改革开放政策,并明确了一定要靠法制治理国家的原则。为了保障人民民主,必须加强社会主义法治,使民主制度化、法律化,使这种制度和法律具有稳定性、连续性和权威性,不因领导人的改变而改变,不因领导人的看法和注意力的改变而改变,做到有法可依、有法必依、执法必严、违法必究,成为改革开放新时期法制建设的基本理念。在发展社会主义民主、健全社会主义法制的基本方针指引下,《宪法》以及《刑法》《刑事诉讼法》《民事诉讼法》《中华人民共和国行政诉讼法》(以下简称《行政诉讼法》)等一批基本法律出台,中国的法制建设进入了全新发展阶段。

20世纪90年代,中国开始全面推进社会主义市场经济建设,由此进一步奠定了法制建设的经济基础,也对法制建设提出了更高的要求。1997年召开的中国共产党第十五次全国代表大会,将"依法治国"确立为治国基本方略,将"建设社会主义法治国家"确定为社会主义现代化的重要目标,并提出了建设中国特色社会主义法律体系的重大任务。1999年,将"中华人民共和国实行依法治国,建设社会主义法治国家"载入宪法。中国的法制建设揭开了新篇章。

进入21世纪,中国的法制建设继续向前推进。2002年召开的中国共产党第十六次全国代表大会,将社会主义民主更加完善,社会主义法制更加完备,依法治国基本方略得到全面落实,作为全面建设小康社会的重要目标。2004年,将"国家尊重和保障人权"载入宪法。2007年召开的中国共产党第十七次全国代表大会,明确提出全面落实依法治国基本方略,加快建设社会主义法治国家,并对加强社会主义法制建设做出了全面部署。2014年10月召开的中国共产党第十八届中央委员会第四次全体会议,通过了《中共中央关于全面推进依法治国若干重大问题的决定》。

想一想:

为什么2004年我国修改宪法时,特别要写入"国家尊重和保障人权"的内容? 如何理解人权的内涵? 可查找并阅读《世界人权宣言》《公民政治与社会权利国际公约》等文献。

扫码观看

法系

第三节 法　　系

引例

世纪审判——辛普森杀妻案

1994 年美式黑人橄榄球运动员辛普森(O. J. Simpson)杀妻一案成为当时美国最为轰动的事件。1994 年 6 月 12 日夜,辛普森前妻和侍应生郎·高曼被人用利器杀死。警察经过调查后,将辛普森列为主要疑犯进行逮捕。之后辛普森聘请了阵容强大的律师团为其辩护,在整个诉讼过程中,辛普森始终保持沉默。检察官指出辛普森多年来暴力虐妻(有报警记录),并准备了包括血迹和染血手套在内的一千多份证据,力劝陪审团绝对不要让辛普森逍遥法外。而辩护律师则强力攻击控方证据的漏洞,特别针对被告手戴不上血手套,同时攻击证人是种族歧视者,以打击证据的可信度,强调控方没有足够的证据,要求陪审团判决无罪。在所有人的震惊中,由 10 名黑人、1 名白人、1 名西班牙人后裔组成的陪审团在讨论不足 4 小时后裁决辛普森杀人罪名不成立。辛普森作为一个自由人被释放。

试问:从本案来看,美国的法庭审判与我国有什么不同之处?

分析

美国法院在审理案件时是由普通民众组成的陪审团来裁决被告人是否有罪。在我国则是由法官组成的合议庭来裁决的,并设置人民陪审员制度。

一、法系的概念

法系是以法律的历史传统、继受关系以及具有的某些相似或共同外部特征对不同国家之间的法律制度进行比较分析后的结果。凡是具有相同的历史渊源和传统,具有相同或近似的存在样式和运行方式的法律制度,便被视为同属一个法律家族,即法系。法系是从国际的视野来考察法的产生与发展。法系是指若干国家和地区法律的总称。这些国家或地区的法律之所以构成了同一法系,是因为从某种标准上说,它们具有共性或共同传统。

根据不同的分类,法系主要有大陆法系、英美法系、社会主义法系和伊斯兰法系。其中大陆法系和英美法系对资本主义国家法律甚至世界各国法律影响最大。

想一想:

法系和法的历史类型有何不同?

二、大陆法系

大陆法系,又称民法法系、罗马法系、法典法系、罗马—德意志法系,是指以罗马法为基础,以《法国民法典》和《德国民法典》为主要标志或与其有继受关系而发展起来的法律的总称。它因在罗马法基础上发展起来,以民法为主要标志,首先产生在欧洲大陆,具有法典化特征,并融合了日耳曼法的内容,故有以上几种名称。

大陆法系是以古代罗马法为基础和历史渊源,中间经过罗马法在欧洲大陆的复兴,近代资产阶级革命和自然法学说的发展,为大陆法系的进一步形成开辟了新的道路,最后于 19 世纪发展成为一个影响及于世界广大地区的法系。资产阶级夺取政权以后,受《优士丁尼民法大全》的影响和自然法学说的推动,法典化运动在欧洲大陆兴盛起来,最为典型的是 1804 年的《法国民法典》和 1896 年的《德国民法典》。《法国民法典》以个人权利为本位,适应自由资本主义时期的社会要求,以简明、严谨的法律词句对近代资本主义民事法律关系做了较全面的规定,进而对大陆法系乃至整个后世的法律起了重要的影响。《德国民法典》适应了垄断资本主义时期的社会要求,以"社会利益"为本位,在立法风格和体例上与《法国民法典》有所不同。因而有人认为大陆法系又可区分为两大支系:法国法系和德国法系。

大陆法系形成后,得到了广泛的传播,其分布范围很广,除以法国、德两国为代表的欧洲大陆国家以外,还有奥地利、比利时、荷兰、意大利、瑞士、西班牙等国家。亚洲的土耳其,近代以来的日本、泰国、旧中国国民党时期的法等都属于大陆法系。在非洲,曾是法国、西班牙、葡萄牙殖民地的国家和地区也属于大陆法系。

□ 知识链接

公元 527 年,优士丁尼继位东罗马帝国的皇帝。优士丁尼即位第 2 年,就组建了一个 10 人组成的委员会,系统编纂罗马帝国的法典,由著名法学家特里波尼亚领导,通过对 400 多年来罗马历代元老院的决议和皇帝的诏令进行编辑,终成《优士丁尼法典》。后又陆续颁布了《法学阶梯》《法学汇纂》和《优士丁尼新律》3 部分,作为《优士丁尼法典》的续编。以上这 4 部法律被后人统称为《优士丁尼民法大全》。《优士丁尼民法大全》的问世,标志着罗马法已发展到最发达、最完备阶段。《优士丁尼法典》是欧洲历史上第一部系统完整的法典,它保留了罗马在法学上天才性的创造成果,后来成为欧洲许多国家制定法律的蓝本。

三、英美法系

英美法系也称英国法系、普通法法系、判例法法系、海洋法系,是指以英国中世纪以来的普通法为基础、以判例法为主要标志并与其有继受关系而发展起来的法律的总称。它因以英国的普通法为基础、以判例法为主要的法律渊源并主要分布于一些濒临海洋的国家,故有以上几种名称。

英美法系是在罗马法之外独立发展起来的,从 11 世纪末开始发展到 20 世纪,经历了漫长的历史过程。这一过程大体上包括普通法的形成、衡平法的产生、近代法律革命与改革及殖民扩张等阶段,从而成为西方主要法系之一。11 世纪诺曼底人征服英国后,为削弱地方封建割据势力,设立了王室法院,享有普遍性的司法管辖权,并到全国各地进行巡回审判,通过它们的司法判决,逐步形成一套适用全国的普通法。由于普通法的僵化与刻板时常会导致不公正,为了克服普通法的不足,14—15 世纪衡平法院按照公平、正义的原则通过判决形成了普遍适用的衡平法。在普通法和衡平法形成的过程中,判例法是其主要的表现形式,并长期占主导地位。英国资产阶级革命后,对英国法进行了大量的改革,但导源于普通法和衡平法的传统未改,并通过殖民扩张影响到英国以外的广大地区。在这一法系中英国法和美国法最为典型,但又各有特点,因此,有的西方学者认为英美法系也可分为两个分支:英国法系和美国法系。

英美法系包括英国(苏格兰除外)、美国(路易斯安那州除外)、加拿大(魁北克省除外)、印度、巴基斯坦、孟加拉国、缅甸、马来西亚、新加坡、澳大利亚、新西兰以及非洲的个别国家和地区等。

四、两大法系的比较

两大法系在法律形式方面存在很多差别,具体分析如下:

(一)法律渊源的差别

在大陆法系国家,判例法不是正式的法律渊源,制定法是正式的法律渊源;在英美法系,判例法和制定法都是正式的法律渊源,随着英美法系制定法的不断增多甚至逐渐占据主导地位,这一差别已逐渐缩小。

(二)适用法律技术方面的差别

在大陆法系,法官审理案件严格遵循制定法的规定;而在英美法系,法官审理案件,遵从先例是一条原则,采用的是判例法。

(三)法律分类方面的差别

大陆法系法律的基本分类是承继古罗马的公法与私法的划分,而英美法系法律的基本分类是普通法和衡平法。

（四）法典编纂方面的差别

大陆法系国家是成文法国家,在法律形式上的最大特点就是法典化;而英美法系国家一般不倾向法典形式,其制定法往往是单行法律法规。

（五）实体法和程序法关系上的差别

大陆法系是"实体中心主义"传统,重实体,轻程序;而英美法系是"程序中心主义"传统,在普通法当中,核心问题是当事人怎样通过一定程序获得法院的救济,强调正当程序的独立价值,坚持程序先于审判的原则。

（六）法学家和法官在法系形成中的作用的差别

大陆法系的形成,法学家及其学说起了重要作用,所以,大陆法系的法按照传统就是"法学家法";在英美法系的形成中,法官起了重要的作用,因而有"法官法"的称谓。

应该注意的是,进入 20 世纪后,特别是在英国加入欧洲共同体后,两大法系的差别已日益缩小。但由于传统的不同,两大法系之间的差别还将长期存在。

□ 分析问题

庄某的父母在持双程证在港期内,诞下儿子庄某,他们并非香港永久性居民。 庄某的父母返回内地,庄某则留港和祖父母同住,庄某的祖父(1978 年到港定居)代庄某提出诉讼。 高等法院裁定因庄某在港出生,按照《中华人民共和国香港特别行政区基本法》(以下简称《香港特别行政区基本法》)规定,属于香港永久居民。 其后,香港特区终审法院对首宗内地人香港生子是否拥有居港权案作出判决,"香港宝宝"庄某拥有居港权。 由于香港实行判例法制度,也就是说,这个案例以后在香港出生的孩子,均可以根据这个判例获得居港权。

试问: 香港特别行政区的法律是属于大陆法系还是英美法系?

分析

其属于英美法系,因为其遵循判例法判案。

■ 本章小结

法作为一种社会现象,不是从来就有的,而是人类社会进入了阶级社会后,伴随着国家的出现而出现的。 法的产生有其特殊的历史背景,法的产生的主要标志是国家和专门性诉讼活动的出现。 法的产生遵循了从个别调整到一般调整,从习惯法到成文法,从与道德、宗教浑然一体到逐渐分离的一般规律。 到目前为止,人类历史上出现了四种历史类型的法,不同历史类型的法都有其典型代表和特征。 大陆法系和英美法系是当前世界上两种主要的法系划分，对世界各国的法制状况产生了深远的影响。

■ 思考与练习

一、 单项选择题

1. 法律调整是一种（　　　）。

A. 个别性调整　　　　　　　　B. 规范性调整

C. 习惯　　　　　　　　　　　D. 具体性调整

2. 被恩格斯评价为"商品生产者社会的第一个世界性法律"的是（　　　）。

A.《优士丁尼民法大全》　　　B.《汉谟拉比法典》

C.《十二铜表法》　　　　　　D.《法经》

3. 英美法系的基础是（　　　）。

A. 普通法　　　　　　　　　　B. 判例法

C. 罗马法　　　　　　　　　　D.《法国民法典》

4. 大陆法系的基础是（　　　）。

A. 普通法　　　　　　　　　　B. 罗马法

C. 判例法　　　　　　　　　　D.《法国民法典》

5. 我国在（　　　）将"中华人民共和国实行依法治国，建设社会主义法治国家"载入宪法。

A. 1995 年　　　　　　　　　　B. 1997 年

C. 1999 年　　　　　　　　　　D. 2001 年

二、 多项选择题

1. 从法的起源看，法（　　　）。

A. 是从来就有的　　　　　　　B. 不存在于原始社会

C. 是阶级社会的产物　　　　　D. 是社会发展到一定阶段的产物

2. 法与原始习惯的区别有（　　　）。

A. 产生的方式不同　　　　　　B. 体现的意志不同

C. 根本目的不同　　　　　　　D. 适用的范围不同

3. 人类进入阶级社会以后经历了四种社会形态，与之相对应的四种类型的法律制度有（　　　）。

A. 奴隶制法　　　　　　　　　B. 封建制法

C. 资本主义法　　　　　　　　D. 社会主义法

4. 由奴隶制法的本质所决定，各国的奴隶制法必然具有某些共同特征，主要表现在（　　　）。

A. 确认和维护奴隶主对生产资料和奴隶的人身占有

B. 惩罚手段极其野蛮、残酷

C. 公开反映和维护等级特权

D. 公开维护封建等级特权制度

5. 资本主义法律制度的特征有（　　　　　）。

A. 确认和维护以剥削雇佣劳动为基础的资本主义私有制

B. 确认资产阶级议会民主制，维护资产阶级的政治统治

C. 确认和维护资产阶级的自由、平等和人权

D. 公开反映和维护等级特权

三、判断题

（　　　）1. 法从人类社会开始就存在。

（　　　）2. 规范调整的出现是法律最终形成过程的关键性一环。

（　　　）3. 法与原始习惯是相同的，无差别。

（　　　）4. 2004 年，我国将"国家尊重和保障人权"载入宪法。

（　　　）5.《德国民法典》在立法风格和体例上与《法国民法典》相同，因此都属于大陆法系。

四、名词解释

1. 法的历史类型

2. 法系

3. 大陆法系

4. 英美法系

五、简答题

1. 法产生的主要标志是什么？

2. 法产生的一般规律有哪些？

六、实践训练题

请每位同学查询、收集书籍和网络资料，准备一个古今中外具有影响力的法律小故事，经过教师筛选后，在班级举办一场"法律故事大赛"。

第三章 法 的 作 用

学习目标

　　知识目标：了解法的作用的概念；掌握法的作用的分类；重点掌握法的规范作用的内容；理解法的社会作用的内容。

　　能力目标：能运用法的作用的知识分析具体的案例；能认识法的社会作用的价值；能运用实例说明法的作用的局限性。

第一节 法的作用概述

引例

　　1988 年 5 月至 2002 年 2 月间，被告人高某以谋取钱财、强奸妇女、满足变态心理为目的，在甘肃省白银市、内蒙古自治区包头市采取尾随跟踪、入室作案等方式，实施故意杀人、强奸、抢劫及侮辱尸体犯罪 11 起，共致使 11 名年轻女性死亡。2004 年 8 月，本案被公安部列为重点督办案件。2016 年 8 月 26 日，被告人高某被公安侦查机关利用 DNA-Y 检验检测技术成功抓获。2018 年 3 月 30 日，白银市中级人民法院对本案进行了公开宣判，依法判处被告人高某死刑，剥夺政治权利终身。宣判后，社会各界予以高度肯定。在法定期限内，公诉机关及当事人均未提起抗诉、上诉。2019 年，高某已被依法执行死刑。

　　试问：法在维护社会秩序方面发挥着怎样的作用？

分析

　　被告人高某抢劫、杀人、强奸、侮辱尸体一案，作案手段残忍，作案次数多，作案后隐藏深，社会危害大。人民群众反响强烈。经人民法院依法宣判，被告人刻意隐藏 28 年的罪行终于大白于天下，人民群众额手称庆。本案通过依法审判，被告人得到应有惩罚，彰显了法律威严。本案宣示，无论犯罪分子隐藏多深、隐匿多久，最终必将受到法律的严惩。

一、法的作用的概念

所谓法的作用,也就是法作为一种行为规范,对人们行为及社会生活产生的影响及其效果。这种作用的过程与实效,表明法是如何影响社会的,又是如何通过其作用的显现而表明其在社会生活中的地位的。法的作用往往与立法目的结合在一起,立法者制定法律,本身就是为了实现对人的行为和社会的调控,而立法目的的安排,则大体上确定了法发生作用的内容与范围。同时,法的作用也是法的价值得以实现的基本条件,正是法所产生的积极影响,才能使正义、秩序等法的价值得以实现。

二、法的作用的演进

法的作用是马克思主义法学基础理论中具有重要意义的问题,自从人类社会出现了法律之后,就有了法的作用的问题。然而,法的作用并不是一成不变的,随着社会的进化与法律文明程度的提高,法的作用的形态也在发生着变化。具体包括:

(一)从作用的对象而言,由调整个人的行为发展到调整团体、社会乃至国家的行为

初期法主要是对个人行为进行调整,试图为人的行为划定一个禁止为非的"藩篱",以确保人们能在国家整齐划一的标准之下行为。然而,随着社会的发展,法律不只是用来规制个人的行为,同时,像法人、其他组织等人的集合体的行为也逐步纳入法律调整的轨道。不仅如此,就连国家这样一个法律的实体也在国内法以及国际法的场合中成为受规制的对象。如行政诉讼法、国家赔偿法等制度的形成,将国家作为受控告的对象;《联合国宪章》《世界人权宣言》等,将成员国的权利义务纳入由国际社会监控的范围。

想一想:
法的作用从关注个别调整到关注团体、国家调整有何进步意义?

(二)从作用的内容而言,由维持社会秩序逐步向体现社会正义过渡

秩序是法的一种初始价值,统治者之所以要制定法律,首先就在于要为社会确立一个基本的秩序形态,以求得社会的稳定、安全与和平。然而必须注意的是,秩序虽然是人们可欲的目标,然而秩序有可能是以牺牲人们的自由与权利来获得的。例如,在专制社会,对人们的行为、思想等方面的野蛮控制,虽然也造就了一种相对的社会和平,但使社会失去了活力,人也变得如同机器。因而,从启蒙时代以来,法律上不再以秩序作为最高的价值目标,而是试图为秩序加以正义的限制。这一观念不仅为法律如何限制人的行为提供了基本的标准,而且更为主要的,是为国家设定了行为的框架。

（三）从作用的目的而言，由重在禁止违法犯罪发展到保障人权

无论中西法律，其最初的源头都在于"禁人为非"，然而，就现代社会而言，虽然法的惩罚功能必不可少，然而它只是局限于特定的范围，就法律所要实现的目标而言，正在向保障人们的权利、自由、平等转化。在现代国度里，自由成为人们基本的特质，人权是法律的基本内容。

三、法的作用的分类

法的作用按照不同的标准，可做不同的分类。例如，按照一般与特殊的逻辑关系，可以将法的作用分为一般作用与具体作用；按照法对社会关系和社会生活所发生的作用的途径不同，可以将法的作用分为直接作用与间接作用；按照法的系统与法的子系统或要素各自的作用范围不同，可以将法的作用分为整体作用与局部作用；按照法的社会意义的不同，可以将法的作用分为积极作用与消极作用。

在法的分类中，最常见的则是将法的作用分为规范作用与社会作用两类。这是从法的作用的对象上来进行的分类：法的规范作用是指法对于人的行为所产生的影响，法的社会作用则是指法律通过对人们行为的调整而对整个社会所产生的影响。法的规范作用与社会作用的并存，表明了法作为一种行为规范，不仅可以用来规制个人的行为，同时也可以对社会事务进行调整。

第二节　法的规范作用

引例

2016 年 11 月 12 日下午，5 岁的皮皮在爷爷的陪同下，在绿化带玩沙子，一辆重型货车从正面撞到皮皮，导致皮皮颅脑严重受损、颅骨骨折、双目失明、前额被取掉、无法闭上眼睛。经法院审理，判决肇事车辆所属的运输公司赔偿皮皮医药费、伤残费等相关经济损失 167 万余元。但该运输公司法人却迟迟没有将赔款全额转账。无奈之下，皮皮一家人向法院申请强制执行。案件受理后，法院立即启动了

涉民生执行案件工作机制。面对运输公司的百般耍赖拒不履行赔偿义务,法院多次采取强制措施,以最大力度把案件执行到位。2018年9月14日,大部分案款获赔。

试问:此案中体现了法的什么作用?

分析 ....

本案体现了法的教育作用和强制作用。

法作为一种由国家制定的社会规范,对个人的行为具有指引、评价、预测、教育和强制等作用。这方面的作用可以说是法本身的作用或是法的专门作用。

一、指引作用

法的指引作用是指法能够为人们的行为提供一个既定的模式,从而引导人们在法所允许的范围内从事社会活动的功用和效能。指引作用是法的作用中最重要的部分,人们之所以需要法律的指引,就在于找寻到法对特定行为的肯定与禁止的态度,从而决定行为的取舍。更为重要的是,法的目的并不在于制裁违法,关键是引导人们正确地行为和从事社会活动,保证社会秩序的正常运转。

法的指引作用的具体形式,又可以分为确定性指引与选择性指引两类。前者是指法对某一行为模式进行了明确的界定,行为人没有选择的余地;后者则是法律上规定的行为模式是可以选择的,行为人可从有利于自己的角度,在法律规定的范围内择取一种最为可行的行为模式。例如,行政诉讼法规定,对于不服侵犯人身自由的行政强制措施,受害人既可以在原告所在地法院起诉,也可以在被告所在地法院起诉。

议一议:

《民法典》第470条规定,合同的内容由当事人约定,一般包括下列条款:当事人的姓名或者名称和住所;标的;数量;质量;价款或者报酬;履行期限、地点和方式;违约责任;解决争议的方法。 当事人可以参照各类合同的示范文本订立合同。 请大家讨论一下这条规定是选择性指引还是确定性指引?

二、评价作用

法的评价作用是指法律作为一种规范,能够衡量、评价人的行为是否合法或有效的功用和效用。法律的制定,严格来说就是将社会上公认的价值准则纳入法律的内容之中,因而人们可以据此对他人的行为进行评价。由此可见,评价的客体是法律上的人(包括自然人、法人、其他组织及国家）所进行的行为。在法治社会中,任何人的行为都必须接受法律的约束,因此,任何人所进行的具有法律意义的行为都应当是法律评价的对象。

在评价标准上,行为主要有合法与违法之分。当一个行为合乎法律规定时,我们就称之为合法行为;相反,当一个行为违反了法律规定时,我们就称之为违法行为。在特定的场合,如果人们没有按照法律进行应当做出的行为,也视为违法而给予负面的评价,例如行政机关不按法律规定发给人们许可证和执照。当然,这一评价标准能否完全实现,又取决于法律规定的完善程度。有时,为了弥补合法性评价的不足,法律的评价还可以通过合理性来进行。与合法性评价的基础不同,合理性评价主要是指对行为的正当性进行分析。例如,司法机关所做出的有罪判决,虽然在法律规定的幅度范围内进行,但是,涉及处罚的轻重,就必须使用合理性评价标准。

在现实生活中,作为行为的评价标准除了法律以外,还有道德、纪律等其他社会规范。在一定情况下,它们与法律可以同时使用,例如民法典上规定的诚实信用、公序良俗等,既可以视为法律评价,也可以视为道德评价。但应当注意的是,不能将它们互换使用,既不能用法律评价来取代道德评价等社会规范的评价,也不能用道德评价等来代替法律评价,否则,就会混淆法与其他社会规范的区别。

□ 分析问题

许某取钱时发现自动取款机（ATM）出现了故障,于是他分 171 次从 ATM 中提取了 17.5 万元,后携款潜逃。 广州市中级人民法院一审以盗窃罪判处许某无期徒刑。 该案后经重审,经最高人民法院核准,在法定刑以下从轻判处许某有期徒刑 5 年。 考虑许某是在发现 ATM 发生故障的情况下临时起意盗窃,其行为具有一定的偶然性,与有预谋、有准备盗窃犯罪相比,主观恶意性相对较小。

请用法的评价作用分析许某 ATM 盗窃案。

分析

我们在评价一个人的行为是否合法时,往往还要进行合理性评价。人民法院对许某做出的第一审判决,虽然在法律规定的幅度范围内,但未考虑许某是在发现自动柜员机发生故障的情况下临时起意盗窃,其行为具有一定的偶然性,与有预谋、有准备盗窃犯罪相比,主观恶意性相对较小。

三、预测作用

预测作用是指由于法律的存在,且对人们某种行为做出肯定或否定的评价以及由此而必然导致的法律后果,人们可以预先估计到自己行为的结果或他人将如何安排自己的行为,从而决定自己行为的取舍和方向的一种功用和效能。预测作用对于法的遵守具有极其重要的意义。根据法律规定,人们可以预先知道法律对待自己已经做出和即将做出的行为的态度以及所必然导致的法律后果,这样,人们就可以自觉、自主地调整自己的行为,从而获得满意的法律后果。通过法的预测作用,人们还可以判断他人的行为,对他人合法的行为予以道义上的支持、帮助,对他人的违法行为自觉予以抵制、抗争,从而提高全社会的法律意识水平。

想一想:

为什么有的案件,律师在开庭前做出的判断和法官最终做出的判决一样?

四、教育作用

法的教育作用是指通过法律的规定和实施,影响人们的思想,培养和提高人们的法律意识,引导人们积极依法行为的功用和效能。从这个意义上说,法实施的过程,也就是法发挥教育作用的过程。这种教育不仅影响行为人本身,同时也对其他的社会成员产生相应的示范作用。

法的教育作用表现在:通过法律的实施,法律规范对人们今后的行为发生直接或间接的诱导影响。法律具有这样的影响力,即把体现在自己的规则和原则中的某种思想、观念和价值灌输给社会成员,使社会成员在内心中确立对法的信念,从而达到使法的外在规范内化,形成尊重和遵守的习惯。

法的教育作用主要是通过以下方式来实现的:第一,反面教育,即通过对违法行为实施制裁,对包括违法者本人在内的一般人均起到警示和警诫的作用。第二,正面教育,即通过对合法行为加以保护、赞许或奖励,对一般人的行为起到表率、示范作用。

五、强制作用

法的强制作用是指制裁、惩罚违法犯罪行为。法律强制的实施主体是国家,实施的对象是违法者的行为。

法律的强制手段是国家强制力的运用,这包括责令行为人进行某种行为或者对其施以法律上的惩罚。法律强制的内容在于保障法律权利的充分享有和法律义务的正确履行。法律强制的目的在于实现法律权利与法律义务,确保法律应有的权威,维护社会正义和良好的社会秩序。必须注意的是,法律的强制作用不仅在于制裁违法犯罪行为,还在于预防违法犯罪行为,从而增进社会成员的安全感。

正如前面所言,法律的实施在很大程度上依赖于人们的自觉遵守,并且可以合理地设想,如果法律体现了广大人民的意志,那么法律也是可以为人民所自愿服从的。但是问题在于,社会上总有一部分人不会自觉地依照法律的规定办事,因而,法律就必须保留强制作用,对违法犯罪者施予惩戒,以使被破坏的社会秩序得以恢复。因此,法的强制作用是法律不可缺少的重要作用,也是法的其他作用的保障。没有强制作用,指引作用就会降低,评价作用就会在很大程度上失去意义,预测作用就会被怀疑,教育作用的效力也会受到严重的影响。

第三节　法的社会作用

扫码观看

法的社会作用

引例

新型冠状病毒肺炎疫情发生以来,对动物及动物产品交易、食用、冷链运输和疫病防控等问题,社会各界广泛关注,党中央高度重视,习近平总书记多次做出重要指示。按照党中央关于完善疫情防控相关立法、构建系统完备科学规范运行有效的疫情防控法律体系、全面加强公共卫生安全的部署和要求,2021年1月22日,十三届全国人大常委会第二十五次会议审议通过《动物防疫法(修订草案)》。修订后的《动物防疫法》共12章113条,与原法相比,条文数量上增加了2章28条,主要对动物疫病防控理念、防疫管理制度、人畜共患传染病的防治、野生动物及犬只的检疫管理、机构队伍的稳定等方面的内容做了修改完善。

试问:法对整个社会的建设和发展能起到什么样的作用?

分析

上述法是执行社会公共事务的具体表现。

与法的规范作用相比,法的社会作用是一个更为复杂的问题。因为规范作用是从法作为一种社会规范的外部影响力出发来分析的,这种外部显现的东西相对来说是比较容易认识的现象。法的社会作用则是从法的比较隐蔽的本质和目的出发来分析的。但是,相对于法的规范作用,法的社会作用更为重要,在很多场合,人们讲到法的作用实际指的就是法的社会作用,所以应当着重进行考察和研究。

法的社会作用大体上可以归纳为维护阶级统治和执行社会公共事务两个方面。

一、维护阶级统治

对阶级冲突和阶级斗争的控制是通过国家力量来进行的。国家通过自己的权力系统和法律规则体系建立的秩序,是把一个阶级对另一个阶级的统治合法化、制度化,把阶级冲突和阶级斗争保持在统治阶级的根本利益和社会存在所允许的范围之内,即建立有利于统治阶级的社会秩序和社会关系。

想一想：

《刑法》分则中将"危害国家安全罪"定义为:故意危害中华人民共和国国家主权，领土完整，国家政权和社会主义制度安全的行为。 危害国家安全罪是我国刑法分则规定的危害性最大的一类犯罪，故刑法分则将其排列在各类犯罪之首，你是如何理解的?

法作为工具,将阶级关系纳入法律秩序的范围内,使阶级冲突和阶级斗争得到缓和,它比直接的暴力镇压高明得多。因为这种限制、禁止和控制在外观上对于一切社会成员往往都是无例外的。同时,法是统治阶级主观意志外化的产物。作为客观的标准,法能够促使人们按照已知的标准指导和约束自己的行为,影响、监督和评判别人的行为,从而减少推行统治阶级意志的阻力;可以使国家暴力备而不用或者在特殊情况下使用,就能够达到建立和维护阶级统治秩序的预期目的。

二、执行社会公共事务

所谓社会公共事务,是指由一切社会的性质所决定的具有普遍社会意义的事务。法的社会公共事务作用,是法律基于其社会性或共同性,而对社会公共事务所具有的管理能力。

议一议：
为什么要依法纳税?

法律执行社会公共事务的功能主要表现在以下六个方面:① 维护人类社会基本生活条件、保证社会劳动力的生息繁衍,如制定有关人口控制、自然资源、环境保护、交通通信、人权保障法规以及其他基本社会秩序的法律;② 维护生产和交换条件以及有关生产力和科学技术,如确定生产管理的基本形式,规定基本劳动条件等;③ 确定使用设备、执行工艺的技术规程,规定产品、服务质量和标准,对易燃、易爆、高空、高压进行严格管理,保障生产和生活安全,防止事故,保护消费者利益;④ 促进教育、科学和文化的发展,如制定专利法、商标法、科技进步法、教育法、教师法、义务教育法等;⑤ 预防社会冲突,解决社会问题,保全社会结构;⑥ 对不测事件的受难者予以救济和实行各种形式的社会保险。如对地震、水灾等自然灾害的受难者以及贫困者、失业者予以救济和各种形式的保险。

随着社会生产的发展和社会制度的变革,特别是知识经济时代的到来,法的执行社会公共事务的作用将会日益增加。科技社会导致了法律公共功能的广泛性、新颖性和全球性。首先，随着科学技术的进步，人类的生存空间不断扩大，法律调整的空间也随之膨胀。高技术成果已使人类生存空间脱离地球表面进入浩瀚的宇宙。法律的新部门不断涌现，目前已有的空间技术法就包括了外层空间法、航天法、太空法等方面的内容。这些新法律问题关乎人类共同的利益，无不体现着人类社会公共事务和法律公共功能的发挥。其次，科技革命使许多传统法律部门受到冲击，并产生了某些新的法律部门，如环境保护部门。与此同时，现代科技的发展使得许多社会问题成为全球性的问题，使得一个国家内的社会公共事务超出了国界而成为人类的共同事务。因此，法的作用直接地表现为全球保护功能，体现了法律公共功能的公益性。

第四节　法的局限性

引例

1994年8月10日上午，康某某父亲向公安机关报案称其女儿失踪。经公安机关侦查，认定康某某被聂树斌强奸杀害。1994年10月1日，聂树斌被刑事拘留；石家庄市中级人民法院于1995年3月15日做出（1995）石刑初字第53号刑事附带民事判决，以故意杀人罪判处聂树斌死刑，以强奸妇女罪判处聂树斌死刑，决定执行死刑。聂树斌不服一审判决，提出上诉。河北省高级人民法院二审维持原审死刑判决。1995年，聂树斌被执行死刑。2014年12月12日，最高人民法院指令山东省高级人民法院对聂树斌案进行复查，开启了中国异地复审的先河。

2016年12月2日，最高人民法院第二巡回法庭对原审被告人聂树斌故意杀人、强奸妇女再审案公开宣判，宣告撤销原审判决，改判聂树斌无罪。2017年3月30日，聂树斌家属获268万余元国家赔偿，聂母表示不申诉。

试问：错案是如何发生的，法有哪些局限性？

分析

法不是万能的。法律的执行离不开事实的查证，然而在确定事实的过程中往往不可避免地存在错误和偏差，从而导致错判。

法的局限大致表现在：法律只是调整社会关系的一种手段、法律的调整范围不是无限的、法律自身具有的局限性、法律的实施要受到人与物质条件的制约等。

法的局限性大致表现在以下四个方面：

一、社会的调控模式中，法只是调整社会关系的一种手段

法是用以调整社会关系的重要手段，但并不是唯一的手段。在调整社会关系的手段中，除法外，还有经济、政治、行政、思想道德、文化、教育、习惯、传统、舆论等。所以，在处理社会关系时要综合运用各种手段，以取得最大的社会利益。

> **想一想：**
> 法在婚姻中的作用是什么？ 法可以防止丈夫虐待、遗弃妻子，但可否要求丈夫给妻子幸福和爱情？

二、法的调整范围不是无限的，而是有限的

法仅调整一定范围内的社会关系，在有些社会生活领域中，对有些社会关系或社会问题，法是不适宜介入的。如有关人们的一般私生活问题，在其不触犯法律的情况下，法律是不应当对其进行调整的。如果强制地使用外在的力量去解决内在的问题，不仅无效，反而会产生负面作用。正因如此，对于某些行为，虽然本身具有社会危害性，但考虑亲情、感情、隐私等因素，法仍然不予干预。

三、法自身所具有的局限性

法具有主观意志性，法本身并不等于客观规律。法是由人制定的，由于人的认识能力的限制，法在颁布实施时可能会存在某种不合理的地方。同时，法是对人们行为的一种抽象的概括，而现实生活中的问题却是具体的、多变的，法不可能适应整个社会实践。同时，法必须具有稳定性，不能朝令夕改，但矛盾在于，社会生活是不停发展的，将相对稳定的法适用于发展着的社会实践时，就有可能出现法落后于实践的地方。因此，法本身存在缺陷，或者说，法存在漏洞、空隙是难以避免的。

四、法的实施要受到人与物质条件的制约

不管法律制定的质量水平如何，法律对人和物都有依赖性。首先，任何法都需要有具备相当法律素养的人正确地去执行和适用。如果执法者不具备相应的专业知识和思想道德水平，法是难以有效实施的。其次，法的实施还需要社会上绝大多数人的支持，这就要求他们具备一

定的法律意识,尊重并相信法律。如果他们缺乏一定的法律意识,缺乏遵守法律的思想道德风尚和习惯,法就不可能有效地实施。再次,实施法律还必须要有相应的社会、经济、政治、文化条件的配合,需要有一定的物质装备、基础设施等物质条件。最后,正如庞德所提到的,法律的运作还必须有赖于行为人的推动。正因如此,德国著名法学家耶林号召"为权利而斗争",只有人们有强烈的权利意识并愿意诉诸法律来维护自己的权利,法律的功效才能够真正得以实现。

总之,我们只有正确认识到法本身所存在的局限,并采取相应的措施,才能充分发挥法的作用。在这方面,必须克服盲目崇拜法律的心理,正确适用法律机制和法律手段。

■ 本章小结

法的作用包含着法的价值追求,我们制定法律总是希望它能够发挥应有的作用。 法的作用主要包括法的规范作用和社会作用。 其中规范作用是针对个人的行为所产生的影响,社会作用则是针对整体社会而言所产生的影响。 需要注意的是,法要发挥其作用,需要一定的社会环境和相应的物质条件做保障。 法还存在局限性,我们只有清楚地认识到其局限性,才能使其不断完善,适应社会的发展,从而发挥其最大的效能和作用。

■ 思考与练习

一、 单项选择题

1. (   )是法的作用中最重要的部分,人们之所以需要法律的指引,就在于找寻到法对特定行为的肯定与禁止的态度,从而决定行为的取舍。

   A. 指引作用　　　　　　　　B. 评价作用

   C. 预测作用　　　　　　　　D. 教育作用

2. (   )指由于法律的存在,且对人们某种行为做出肯定或否定的评价以及由此而必然导致的法律后果,人们可以预先估计到自己行为的结果或他人将如何安排自己的行为,从而决定自己行为的取舍和方向的一种功用和效能。

   A. 指引作用　　　　　　　　B. 评价作用

   C. 预测作用　　　　　　　　D. 教育作用

3. (   )是法律上规定的行为模式是可以选择的,行为人可从有利于自己的角度,在法律规定的范围内择取一种最为可行的行为模式。

   A. 选择性指引　　　　　　　B. 确定性指引

   C. 个别指引　　　　　　　　D. 一般指引

4. 在法的分类中,最常见的是将法的作用分为(   )。

   A. 规范作用与社会作用　　　B. 直接作用与间接作用

C. 整体作用与局部作用　　　D. 积极作用与消极作用

5. 2014 年 4 月 24 日，中华人民共和国第十二届全国人民代表大会常务委员会第八次会议修订通过《中华人民共和国环境保护法》。下列说法错误的是（　　　）

A.《中华人民共和国环境保护法》为保护和改善环境起到重要指引作用。

B.《中华人民共和国环境保护法》可以有效防治污染和其他公害。

C.《中华人民共和国环境保护法》有助于保障公众健康。

D.《中华人民共和国环境保护法》不具有强制执行力，不能推进生态文明建设。

二、多项选择题

1. 法的规范作用包括（　　　　）。

　　A. 指引作用　　　　　　　B. 评价作用

　　C. 预测作用　　　　　　　D. 教育作用

2. 随着社会的进化与法律文明程度的提高，法的作用的样态也在发生着变化。具体包括（　　　　）。

　　A. 从作用的对象而言，由调整个人的行为发展到调整团体、社会乃至国家的行为

　　B. 从作用的内容而言，由维持社会秩序逐步向体现社会正义过渡

　　C. 从作用的目的而言，由重在禁止违法犯罪而发展到保障人权

　　D. 从作用的目的而言，由重在禁止违法犯罪而发展到保障生命权

3. 法的作用的分类有（　　　　）。

　　A. 一般作用与具体作用　　　B. 直接作用与间接作用

　　C. 整体作用与局部作用　　　D. 积极作用与消极作用

4. 法律执行社会公共事务的功能主要表现在（　　　　）。

　　A. 维护人类社会基本生活条件，保证社会劳动力的生息繁衍

　　B. 维护生产和交换条件以及有关生产力和科学技术

　　C. 促进教育科学和文化的发展

　　D. 预防社会冲突，解决社会问题，保全社会结构

5. 法的教育作用的实现主要有（　　　　）。

　　A. 通过人们对法律的学习和了解，发挥法的教育作用

　　B. 通过对各种违法犯罪行为的制裁，使违法犯罪者和其他社会成员受到教育，在自己以后的行为中自觉服从法律，依法办事

　　C. 通过对各种先进人物、模范行为的嘉奖与鼓励，为人们树立良好的法律上的行为楷模。当然，法的教育作用必须通过影响人们的思想而得以实现

D. 人们可以预先估计到自己行为的结果或他人将如何安排自己的行为，从而决定自己行为的取舍和方向

三、判断题

（　　）1. 法的作用并不是一成不变的，随着社会的进化与法律文明程度的提高，法的作用的样态也在发生着变化。

（　　）2. 实际上，在规范意义上所讲的法律指引，多是一般指引；而在具体适用法律意义上所言的法律指引，则为个别指引。

（　　）3. 在现实生活中，作为行为的评价标准只有法律。

（　　）4. 法的社会作用包括维护阶级统治和执行社会公共事务职能。

（　　）5. 在调整社会关系的手段中，除法律外，还有经济、政治、行政、思想道德、文化、教育、习惯、传统、舆论等。

四、名词解释

1. 法的作用

2. 法的指引作用

3. 法的评价作用

4. 法的强制作用

五、简答题

1. 简述法的规范作用。

2. 简述法的社会作用。

六、实践训练题

关注中国庭审公开网，在线观看一起案件庭审直播，并以"定分止争"为主题，写一篇 500 字左右的关于法的作用的观后感。

第四章 法 的 价 值

学习目标

　　知识目标：了解法的价值的概念；熟悉法的价值判断；重点掌握法的主要价值：自由、秩序、正义。

　　能力目标：能够准确掌握各种具体案件中所追求的法律价值；当法律价值发生冲突时，能够进行法的价值判断。

第一节　法的价值概述

引例

　　广州花都区某村村民吴某私自攀爬该村村委会种植的杨梅树采摘杨梅，不慎跌落受伤，经抢救无效死亡。其近亲属将村委会诉至法院。一审、二审认为吴某与村委会均有过错，判令村委会赔偿4.5万余元。2020年1月，广州市中级人民法院再审认为，吴某因私自爬树采摘杨梅跌落坠亡，行为有违村规民约和公序良俗，村委会并未违反安全保障义务，不应承担赔偿责任。再审判决撤销原审判决，驳回吴某近亲属诉请。

　　试问：你认为在这个案例中，广州市中级人民法院的再审改判是体现了什么法治精神？

分析

保障正义、公平的法治精神。

一、价值和法的价值

　　要了解法的价值的概念，首先要了解"价值"一般的含义。价值是客体（各种物质的、精神的、制度的对象)能够满足主体(某人、某个民族或国家等)生存和发展需要的一种性能。这种性能是潜在的,只有在与主体的关系当中才能显现出来。对主体来说,一种对象、客体,能够满足其需要、对其有利益,它就是有用的、有价值的。所以,可以把价值界定为客体满足主体的需要和利益的积极意义。

在人类的实践中,凡是对人有用、有利、有益的,能够满足人的某种需要,有助于实现人的目标的东西(实体或精神),就是有价值的,就会得到人们的肯定。诸如自由、正义、财富、知识、善良等,都是人们所追求的东西,因而被人们视为价值的存在形态。相反,那些不能满足人的需要,无助于实现人的目标,对人无用、无利甚至有害的东西,就是无价值或负价值的,必然被人们否定。

□ 知识链接

"价值"一词,在经济学中,用以表示产品对人而言的需求、有用和相对稀缺,如"交换价值""使用价值"等。据国外学者考证,这一范畴被引入哲学、人文科学之中,始于 19 世纪下半叶赫尔曼·洛采所创立的价值哲学。自此之后,"价值"成为一个伦理性的概念,用以表达人们的某种需求或对事物的相关评价。

通过对价值含义的了解,我们可以对法的价值做出一个科学的界定。法的价值就是法作为客体对满足个人、群体、社会或国家需要的积极意义。一种法律制度有无价值、价值大小,既取决于这种法律制度的性能,又取决于一定主体对这种法律制度的需要,取决于该法律制度能否满足该主体的需要和满足的程度。

二、法的价值的特性

无论是从宏观的角度,还是从微观的角度,同任何客体的价值一样,法的价值也有两个方面的特征:一是它的客观性;二是它的主体性。

法的价值的客观性,是指法对主体的积极意义,不管该主体是否认识到和如何认识,都是客观存在的。中国共产党十九大报告提出要"培养和践行社会主义核心价值观""把社会主义核心价值观融入社会发展各方面,转化为人们的情感认同和行为习惯"(图 4-1)。

法的价值的主体性,是指法或同一法律制度对不同的主体或不同时间、不同地点的同一主体的价值是不同的。由此又引发了法的价值的时代性、多元性。法的价值的时代性是指法的价值是随着主体需要和利益的变化而变化的。法的价值的多元性是说主体的需要和利益是多方面的、多层次的,因而法满足主体需要和利益的积极意义也是多方面、多层次的。

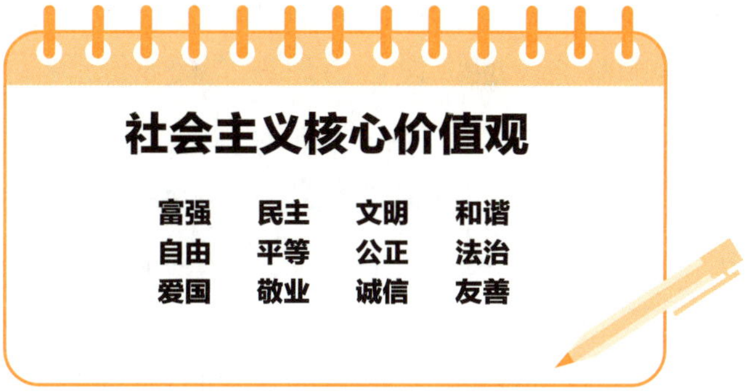

社会主义核心价值观

富强	民主	文明	和谐
自由	平等	公正	法治
爱国	敬业	诚信	友善

图 4-1　社会主义核心价值观

扫码观看

法的主要价值

第二节　法的主要价值

引例

2017 年 1 月 9 日上午 11 时许,两辆摩托车追尾相撞,此事故经唐山市曹妃甸区交警部门认定张某负主要责任。事发当时,朱某驾车经过肇事现场,发现张某肇事逃逸行为即驾车追赶。张某在西梁各庄村弃车徒步逃逸,后翻越铁路护栏,进入迁曹铁路,朱某亦翻过护栏继续跟随,张某被 51618 次火车机车撞击身亡。2017 年 11 月 24 日,张某之父等人将朱某诉至滦南县人民法院,请求法院判令朱某赔偿张某的死亡赔偿金、丧葬费等各项费用共计 609 803.5 元。滦南县人民法院于 2018 年 2 月 12 日做出(2017)冀 0224 民初 3480 号民事判决,驳回原告的诉讼请求。一审宣判后,原告不服,提出上诉。审理过程中,上诉人撤回上诉。唐山市中级人民法院于 2018 年 2 月 28 日做出(2018)冀 02 民终 2730 号民事裁定,准许上诉人撤回上诉。

请用法的价值分析这个案例。

分析

朱某作为普通公民,发现违法行为挺身而出,予以制止,属于见义勇为。法院承担起对社会主导价值观和行为模式的引导责任,通过司法裁判的方式认定见义勇为行为,并旗帜鲜明地予以支持和鼓励,让维护法律和公共利益的行为受到鼓励。

一、自由

(一)自由释义

自由,从其字意来说,指的是从约束中解放出来,是一种不受约束的状态。在人类的思想史上,像幸福、善良、存在等概念一样,自由这一概念及其所包含的内容及意义是一个本质上有争议,却又迫使人们必须解答的难题。应该说自由是一个有多重形态、多重意义的概念,被广泛地运用于哲学、政治和法律领域。

从哲学上而言,自由是指在没有外在强制的情况下,能够按照自己的意志进行活动的能力。这正如霍布斯将自由定义为"没有障碍"一样,它表明主体可以根据自己的意志、目的行动,而不是按照外界的强制或限制来行动。

政治学和社会学上的自由就是个体利益与社会利益的对立统一。社会为个人提供选择自由;同时个人作为社会的一部分,他的自由总是受到社会法则的制约。不顾社会所固有的法则,个人就不能生活于社会之中,而不能生活于社会之中,也就等于丧失了自由。

作为法学和法律上的自由是指人的权利,即自由权。法国启蒙学者孟德斯鸠在他的名著《论法的精神》里说过,在一个有法律的社会里,自由仅仅是一个公民能够做他应该做的事情,而不是强迫他去做不应该做的事情,自由是做法律所许可的一切事情的权利;如果一个公民可以做法律所禁止的事情,他就不再自由了,因为其他人也同样会有这个权利。

□ **知识链接**

查理·路易·孟德斯鸠（1689—1755 年）,出生于法国波尔多附近的拉伯烈德庄园的贵族世家。 法国伟大的启蒙思想家、法学家。 孟德斯鸠不仅是 18 世纪法国启蒙时代的著名思想家,也是近代欧洲国家比较早的系统研究古代东方社会与法律文化的学者之一。 他的著述虽然不多,但其影响却相当广泛,尤其是《论法的精神》这部集大成的著作,奠定了近代西方政治与法律理论发展的基础,也在很大程度上影响了欧洲人对东方政治与法律文化的看法。 除此之外,其作品还包括 1721 年孟德斯鸠化名"波尔·马多"发表的名著《波斯人信札》,1734 年发表的《罗马盛衰原因论》。

（二）法与自由的关系

从价值上而言,法是自由的保障。法虽然是可以承载多种价值的规范综合体,然而其最本质的价值则是"自由",马克思认为法典就是人民自由的圣经。因而,法必须体现自由、保障自由,马克思认为只有这样,才能使"个别公民服从国家的法也就是服从他自己的理性即人类理性的自然规律"。从而达到国家、法律与个人之间的完满统一。显然,就法的本质来说,它以"自由"为最高的价值目标。

法是用来保卫、维护人民自由的,而不是用来限制、践踏人民自由的;如果法限制了自由,也就是对人性的一种践踏。

自由在法的价值中的地位,还表现在它不仅是评价法律进步与否的标准,更重要的是它体现了人性最深刻的需要。人类活动的基本目的之一,便是满足自由需要,实现自由欲望,达成自由目的。这体现在法律上,必须确认、尊重、维护人的自由权利,以主体的自由行为作为联结主体之间关系的纽带。可以说,没有自由,法就仅仅是一种限制人们行为的强制性规则,而无法真正体现法在提升人的价值、维护人的尊严上的伟大意义。

(三)法对自由的保障作用

追求自由是人类固有的本性。人类的历史就是不断呼唤自由和实现自由的过程。恩格斯认为"文化上的每一个进步,都是迈向自由的一步"。同时自由在社会中的实现离不开规则,没有规则就没有自由,法对自由的实现起着多方面、多环节的作用。

1. 法以自由为目的

自由是法的目的之一。具体说来包括:第一,法律规范是为确认和保障自由而设立。法律上的权利就是对自由的确认,法律上的义务也是为确保自由而设立的,法律要求人们做出一定行为或不做出一定的行为,都是为了保证人们法律自由的实现。第二,法律的制定和实施应以自由为出发点和归宿。法律的制定要以自由为核心;法律的实施必须以自由为宗旨,法律的保护或打击、奖励或制裁都应以自由为依归。

2. 法律确定自由的范围

自由是法律许可的自由,并不是任何人的任性。无论什么事情都可以做的自由不仅是无用的甚至是有害的。法律确定自由的范围是建立在自由需要法律予以表现的前提下的。法律确定自由的方式包括:第一,确定基本自由。第二,确定自由的量度。第三,确定自由的边界。

3. 法律保证自由的实现

自由无法实现的原因是多方面的,法律保证自由实现的方式也是多方面的。第一,法律为解决自由与其他价值的张力和冲突提供法律准则。第二,法律解决自由之间的冲突,确保自由的共同实现。第三,法律为自由的享有者提供实现自由的法律方式、方法。第四,法律把责任与自由联结,为平等的自由提供保护机制。

想一想:

同学们设想一下,没有法律约束的自由,你认为是什么样子的?

二、秩序

(一)秩序释义

古希腊最伟大的哲学家之一苏格拉底曾经说过"无正义胜于无秩序",从这句话中至少我们可以体会秩序的重要性。在最广泛的意义上,秩序是指自然界与人类社会发展和变化的规律性现象。美国法理学家博登海默说,秩序"意指在自然进程和社会进程中都存在着某种程度的一致性、连续性和确定性"。因此,某种程度的一致性、连续性和确定性是秩序的具体特征。在这种意义上，秩序根植于自然界和人类社会的内部结构之中，自然界和人类社会的内在规律是秩序的本质。

秩序是法律最基本的价值之一。秩序的存在是人类一切活动的必要前提。除了极少数试图从混乱中渔利的坏人，绝大多数人，不管他来自哪个阶级、阶层，担任何种社会角色，都希望有某种秩序的存在。法学上所言秩序，主要是指社会秩序。它表明通过法律机构、法律规范、法律权威所形成的一种法律状态。由不同的人所组成的社会要得以维系其存在与发展，就必须确立基本的秩序形式，而在其中，法律在促成人类秩序的形成方面发挥着重要的作用，任何一种法律都追求并保持一定社会的有序状态。因此，法律总是为一定秩序服务的，法律是秩序的象征，又是建立和维护秩序的手段。

（二）秩序成为法的基本价值之一的原因

1. 任何社会统治的建立都意味着一定统治秩序的形成

没有秩序的统治，根本就不是统治。因为在一片混乱之中，统治者的权力根本就无法行使，自然也就无法建立有效的社会管理模式。因而，法律的根本而首要的任务就是确保统治秩序的建立，秩序对于法律来说，无疑是基本的价值。

2. 秩序本身的性质决定了秩序是法的基本价值

秩序是人们社会生活中相互作用的正常结构、过程或变化模式，它是人们相互作用的状态和结果。任何时代的社会，人们都期望着行为安全与行为的相互调适，这就要求通过法律确立惯常的行为规则模式。

3. 秩序是法的其他价值的基础

诸如自由、平等、效率等法的价值表现，同样也需要以秩序为基础。因为没有秩序，这些价值的存在就会受到威胁或缺乏必要的保障，其存在也就没有现实意义了。

当然，秩序虽然是法的基础价值，但秩序本身又必须以合乎人性、符合常理作为其目标。如果秩序是以牺牲人们的自由、平等为代价的，这种秩序就不是可取的秩序。

□ **知识链接**

公元前399年春，时年70岁的苏格拉底因被人控告不敬神灵和蛊惑青年被判处死刑。好友做了最后努力来营救他，收买了看守他的人。但这唯一求生的机会被苏格拉底放弃了。苏格拉底拒绝出逃的理由是：公民是国家所生、所养、所教，国家即使对公民有不公正之处，个人也要忍受，不能随便反抗。虽然判决对他不公，但这一决定是由合法组成的法庭按法律程序裁决的。如果每个人都以裁决不公而不遵守国家的法律，那国家还有威信吗？它还能维护社会的秩序吗？所以他接受了审判，也承认了审判的结果，坦然闲适地饮鸩而死。

（三）法对秩序的维护作用

1. 法维护阶级统治秩序

冲突是危害秩序的根源。在阶级社会中,最根本的冲突是阶级冲突。此种冲突在本质上是不可调和的,如果缺乏有力的控制手段,必然导致相互冲突的阶级以至整个社会在无谓的斗争中同归于尽。为避免这种结果的发生,必须把阶级冲突控制在秩序的范围内。把法律作为统治的权威手段,将阶级关系纳入秩序的范围,使阶级冲突和阶级斗争得到缓和,这是统治阶级长期统治经验积累的结果。

法作为与国家相互联系的一种重要统治手段,对于建立和维护阶级统治秩序起着不可替代的作用。它把一个阶级对另一个阶级的控制合法化、制度化、具体化。一方面将统治的触角延伸到社会各个层面,使统治阶级的根本利益得到最大化的实现;另一方面又把阶级冲突控制在统治秩序和社会存在所允许的范围内,从而保证阶级统治能够有条不紊地进行。

2. 法维护权力运行秩序

权力指个人、集团或国家不管他人同意与否而贯彻自己的意志或政策以及控制、操纵或影响他人行为的能力,它的运行既可能给社会带来利益,也可能给社会造成危害。一般来讲,无秩序无规则的权力运行对他人和社会造成的危害非常之大,而且极有可能损害统治阶级的根本利益。这已被历史反复证明。因此,建立和维护权力运行秩序不可忽视。

法律是消灭专制主义、限制自由裁量、建立权力运行秩序的重要手段,其发挥作用主要体现为以下两个方面。第一,明确公民的各项政治权利和自由,并加以有力的保障,确保国家政权的民主性质。第二,法律要对国家权力系统的结构做出科学的安排,主要包括:规定各权力主体(各国家机关)之间的权限划分以及相互之间的合作、协调与制约关系,各权力主体内部的职权分配以及权力运行的程序机制,等等。

3. 法维护经济秩序

在自然经济条件下,自给自足的农业经济居主导地位,而交换的规模很小,所以法也主要集中在对农业生产方面的关系进行调整。在进入商品经济阶段之后,社会生产力飞速发展,交换则成为商品实现价值的必经途径,经济形态日趋复杂,经济秩序对法的依赖性前所未有地增强了。这方面的立法越来越细致,逐渐形成完备的体系,主要包括以下四个方面:

(1)法律保护财产所有权。只有明确了谁是财产的合法所有人这一问题,商品生产才能有足够的动力,商品交换才能有合法的起点。否则商品经济秩序的建立就失去了最根本的前提和保障。

(2)对经济主体资格加以必要限制。对经济主体若不加限制,则必然会产生经济主体的无限多样性,同时不合格主体的大量存在,又会危及交易安全,造成经济秩序的混乱。所以法律必须对经济主体规定资格的限制及加强相应的管理办法。首先,要明确各类经济主体的最低成立条件,比如公司法上规定有限责任公司的最低注册资本是 3 万元。其次,要对各类主体的权利能力加以必要的限制,明确各类主体可以从事的活动范围,以便监督、控制。

(3)调控经济活动。商品经济条件下,各类经济主体被赋予很大的自由活动空间,但这种自由绝不能危及秩序的存在,因此需要法律通过调控经济活动来维护秩序。首先,以禁止性法律严禁经济中的偏离正常秩序的行为。比如禁止毒品交易、禁止走私行为,等等。其次,将计划、税收等宏观调控手段纳入法律体系,对全社会的生产、分配和交换加以更有效的调节,防止或缓和各经济部门的比例失调,消除生产经营中的盲目性。

□ **知识链接**

2019 年 3 月 15 日,第十三届全国人民代表大会第二次会议表决通过《中华人民共和国外商投资法》,自 2020 年 1 月 1 日起施行。 该法主旨是进一步扩大对外开放,积极促进外商投资,保护外商投资合法权益,规范外商投资管理,推动形成全面开放新格局。 促进社会主义市场经济健康发展是为了加强对外商投资合法权益的保护。

(4)保障劳动者的生存条件。劳动是经济运行的起点,为了经济正常运行必须要确保劳动者能够维持正常的生存。在近代法制中,随着商品经济的发展,在劳动关系中,企业处于越来越有利的地位,于是他们就凭借这种优势,以标准合同、附和合同等形式迫使工人接受他们的苛刻条件。对此现代立法规定了最低工资标准、基本劳动条件等工人的劳动权益,禁止企业以任何形式加以剥夺。此外,现代社会立法一般确立了失业、养老保险及医疗保险制度,以更好地保护劳动者的生存权。

4. 法维护正常的社会生活秩序

如果没有一个正常的社会秩序来维护人们的合法利益,人们的一切活动就会变得混乱无序。所以,任何社会都必须要建立一个正常的社会生活秩序。法对此主要在以下三个方面起着重要作用。

(1)法确定权利义务界限,避免纠纷。荀子说过:“人生而有欲,欲而不得,则不能无求,求而无度量分界,则不能不争。争则乱,乱则穷。先王恶其乱也,故制礼义以分之。”也就是说,人类生存所依赖的资源的有限性与人类欲望的无限性之间的矛盾是纠纷冲突的重要原因,而法律则通过确定权利义务的界限,将有限的资源按规范的标准在社会成员之中分配,以定分止争。

(2)法以文明的手段解决纠纷。法是文明社会里解决纠纷的最重要手段。在现代国家里,私人可以通过一定的司法程序,与对方据理力争,澄清事实,得到依法做出的裁判,使冲突和纠纷得到缓和或解决。

想一想：

2020 年，最高人民法院受理案件 39 347 件，审结 35 773 件，制定司法解释 28 件，发布指导性案例 17 个，加强对全国法院审判工作的监督指导；地方各级人民法院和专门人民法院受理案件 3 080.5 万件，审结、执结 2 870.5 万件，结案标的额 7.1 万亿元。 为什么人们在权益受到侵害的时候会选择运用法律的途径寻求保护呢？

（3）法对社会基本安全加以特殊维护。人身安全、财产安全、公共安全和国家安全等属于社会基本安全，它们是人类社会生活正常进行的保障。此保障若不能维持，则社会关系的稳定性将被打破。所以任何国家的法律都对社会基本安全加以特殊的维护。

除上述秩序外，法还具有建立和维护政治意识形态秩序、国际经济和国际政治秩序的价值。

三、正义

（一）正义的释义

美国法理学家博登海默曾经说："正义有着一张普罗透斯似的脸（a Protean face），变幻无常、随时可呈现不同形状并具有极不相同的面貌。"从不同角度观之，可以发表不同的议论，为之下不同的定义（图4-2）。概括历史上关于正义的种种观念和阐述，比较有影响的正义定义有：

图 4-2　天平——公平正义的象征

1. 正义指一种德行

这种德行的经典表述就是"己所不欲，勿施于人"，或者说只照你能意愿它成为普遍律令的那个准则去行动。正义就是引导人们避免彼此伤害和受害的互利的约定。

2. 正义意味着一种对等的回报

中国古代的格言——以其人之道还治其人之身，西方人所说的公理——一个以某一方式对待别人的人，不能认为别人在同样情况下以同一方式对待他自己是不公正的，都表达了这种正义观。这种正义观也突出地表现在报复主义的刑罚理论中。

3. 正义指一种形式上的平等

比利时法学家佩雷尔曼说，不管人们出自何种目的，在何种场合使用"正义"的概念，正义总是意味着某种平等，即给予从某一特殊观点看来是平等的人，即属于同一范围或阶层的人同样的对待。

4. 正义指法治或合法性

英国哲学家、法学家金斯伯格认为,正义观念的核心是消除任意性,特别是消除任意权,因此合法性的发展就具有巨大的重要性。正义的历史大部分是反对法的迟误,反对任意适用法律规范,反对法律本身的不法因素。这种意义的正义通常被法学家们称为"法律正义"。

5. 正义指一种公正的体制

美国法学家庞德指出,从法律的角度,正义并不是指个人的德行,也不是指人们之间的理想关系。它意味着一种体制,意味着对关系的调整和对行为的安排,以使人们生活得更好,满足人类对享有某些东西或实现各种主张的手段,使大家尽可能地在最少阻碍和浪费的条件下得到满足。

正义是人类社会普遍认为的崇高的价值。把上述有关正义不同的定义加以概括后,可以把定义界定为泛指具有公正性、合理性的观点、行为、活动、思想和制度等。法律上的正义就是指公平、公正。

议一议:

同学们,在你们的心目中,正义是什么? 你们衡量正义的标准又是什么? 在人们的日常生活中哪些事情或行为可以被认为是正义的,哪些是非正义的,请举例说明。

(二) 法对正义的实现作用

"正义只有通过良好的法律才能实现""法是善良和正义的艺术"。这些古老的法学格言和法的定义表明法与正义是不可分的:法是实现正义的手段,法的价值之一在于实现正义。与社会正义所包括的两个基本方面(分配正义和矫正正义)相适应,其一要促进和保障分配的正义;其二要促进和保障矫正的正义。

1. 法促进和保障分配的正义

人类社会既存在着利益的一致,也存在着利益的冲突。之所以存在着利益的一致,是因为合作可以使所有的人比他们孤立活动生活得更好;之所以存在着利益的冲突,是因为人们有相同的需求,而社会的资源总量是有限的,在分配时一方之所得即他方之所失,也因为每个人都对自己占有社会合作成果的份额非常敏感,有相当多的人甚至期望自己能得到不合理的份额。因此,每个社会都需要有一套原则指导社会适当地分配利益和避免冲突,这套原则就是正义原则。

法在实现分配正义方面的作用,主要表现为把指导分配的正义原则法律化、制度化,并具体化为权利和义务,实现对资源、社会合作的利益和负担进行权威、公正的分配。当然,由于正义是一个具体的、历史的范畴,正义概念从一个阶级到另一个阶级、从一个民族到另一个民族、从一个时代到另一个时代有时是剧烈变动的,以致它们可能是互相矛盾的。在一个阶级、一部分人看来是公正的分配,在另一个阶级、另一部分人看来可能是不公正的分配;在一个时代被视为天经地义的分配,在另一个时代可能被看作是荒谬的。法所促成实现的"分配正义",并非对一切人都是公正的。但是分配作为正义也不是绝对没有一致的、共同的内容。正义对分配的底线是任何分配都不能是完全任意的,而是要依据一定的可识别的标准进行的。

□ **知识链接**

《宪法》对我国分配制度的相关规定体现出了分配上的正义。

《宪法》第 6 条第 2 款规定:"国家在社会主义初级阶段,坚持公有制为主体、多种所有制经济共同发展的基本经济制度,坚持按劳分配为主体、多种分配方式并存的分配制度。"

2. 法促进和保障矫正的正义

社会生活中,人与人之间发生利益冲突是不可避免的,权利和义务的分配关系不可能受到所有人的尊重,由此引起法律纠纷也就在所难免。这些冲突和纠纷不仅应当和平地、即不使用单方武力得到解决,而且应当公正地得到解决。法一方面可以为和平地解决冲突提供规则和程序,另一方面也可以为公正地解决冲突提供规则和程序。

公正地解决冲突,其主要标志是无偏见地适用公开的规则,做到法律面前一律平等。在现代社会,为了保障冲突和纠纷的公正解决,法律所提供的规则和程序主要有:司法独立、回避制度、审判公开制度、当事人权利平等制度、公开审判制度、律师辩护制度、上诉申诉制度等。

（三）正义在法律生活中的作用

1. 正义对法律有积极的评价和推动作用

正义作为社会的道德价值,对法律具有评价作用。正义这杆秤时不时在掂法律的分量(良法或恶法)。正义被吸纳为法源的一部分,正义可以填补法律空白,正义可以作为纠正法律失误的力量,正义可以作为法律解释的标准。事实上,任何长期存在的法律制度都有一个坚定的正义基础,并接受人们评价,因为人们无法单凭暴力长久维持非正义的法律制度。

2. 正义对法律的进化有极大的推动作用

社会对法律的推进主要是通过正义得以实现的,法律的形式方面和实质方面的进步都离不开正义的推动,主要表现在:

（1）正义推动了法律精神的进化。法律的根本进步在于法律总体精神的进化,同样的法律话语在不同的法律精神下面会产生完全不同的含义和社会效果。法律精神进化的主要动力在正义。这一方面最典型的例证是法律现代化。

（2）正义促进了法律地位的提高。法律在社会控制系统中的地位大致有两种形态:人治型和法治型。在人治社会中,法律的控制能力不足,它从属于统治者的权力意志;在法治社会中,统治者的权力意志服从法律,正是正义观念推进了法律由人治型向法治型转换。亚里士多德当年提倡法治反对人治的第一条理由就是法治比人治公平。在一个正义声音被扼杀或声音微弱的地方是难以建成法治社会的。

3. 正义推动了法律内部结构的完善

首先,正义观推动了宪法的产生。其次,正义推动了控权行政法的产生与完善。最后,正义催生了专门针对国家机关的诉讼形式——行政诉讼,用正义之剑纠正不良立法和不良行政,如国家赔偿。

4. 正义提高了法律的实效

正义的重要内容之一是对社会的一致、公正的管理。对法律来说,就是法律应当得到良好的实施,官方行为应与法律保持一致。通常的法律适用平等、"王子犯法与庶民同罪"的观念对提高法律的实效起到了重要作用。

第三节　法的价值判断

引例

山东省日照市公安 110 巡警追捕抢劫犯,在公民刘某的菜园子里展开了搏斗,一名警察在搏斗中身负重伤,最后罪犯被擒,但踩坏了刘某种的 20 棵萝卜。刘某为此向公安机关提出赔偿要求。刘某的行为在社会上引起了不小的震动。

试问:在本案中如何进行法的价值判断?

分析

从本案看,法在维护社会公共秩序这一价值上和维护公民的财产安全上发生了价值冲突。从价值位阶原则和个案平衡原则上考虑,警察的做法是必要且合法的。同时,从比例原则考虑,为维护公共秩序需牺牲个人利益时应当以必要为限并将损失减至最低。刘某可以就自己的损失要求补偿。

一、法的价值判断的含义

所谓价值判断,即关于价值的判断,是指某一特定的客体对特定的主体有无价值、有什么价值、有多大价值的判断,将其引入法学领域,则意味着就法律所拟订的原则、规则、制度等客观存在(客体),人们必须从它们能否体现和满足人们的需要,能否有更为理想的原则、规则、制度存在等角度来予以分析法律,从而涉及法律的应然状态和理想追求问题。由此可见,将价值问题引入法学领域,不仅是人们对法律认识的深化,更为主要的是以人作为价值的主体,来对法律制度进行批判性的认识,从而有利于提高法律与人们生存、需要的关联度。

二、法的价值判断的方法

人们在追求各种价值时,通常存在着各种矛盾。例如,我们在追求最大自由时,就有可能损害秩序的价值,反过来也一样,我们为了最大限度地保证安全与秩序,可能对自由造成一定损害。在平等与自由之间、正义与自由之间也都会出现矛盾。所谓"鱼与熊掌不可兼得",人们往往很难求全,有时为了一种价值而需要对另一种价值做出牺牲,这个时候法就要对价值进行综合选择。进行价值的综合选择主要遵守以下三个原则:

(一)价值位阶原则

价值位阶原则指在不同位阶的法的价值发生冲突时,在先的价值优于在后的价值。在利益衡量中,首先就必须考虑"于此涉及的一种法益较其他法益是否有明显的价值优越性"。就法的基本价值而言,主要是以上所言的自由、秩序与正义,其他则属于基本价值以外的一般价值(如效率、利益等)。但即使是基本价值,其位阶顺序也不是并列的。一般而言,自由代表了人的最本质的人性需要,它是法的价值的顶端;正义是自由的价值外化,它成为自由之下制约其他价值的法律标准;而秩序则表现为实现自由、正义的社会状态,必须接受自由、正义标准的约束。因而,在以上价值之间发生冲突时,可以按照位阶顺序来予以确定何者应优先适用。

(二)个案平衡原则

个案平衡原则是指在处于同一位阶上的法的价值之间发生冲突时,必须综合考虑主体之间的特定情形、需求和利益,以使得个案的解决能够适当兼顾双方的利益。

(三)比例原则

价值冲突中的"比例原则",是指"为保护某种较为优越的法价值须侵及一种法益时,不得逾越此目的所必要的程度"。例如,为维护公共秩序,必要时可能会实行交通管制,但应尽可能实现"最小损害"或"最少限制",以保障社会上人们的行车自由。换句话说,即使某种价值的实现必然会以其他价值的损害为代价,也应当使被损害的价值降低到最小限度。

■ 本章小结

法的价值就是法这个客体对满足个人、群体、社会或国家需要的积极意义,它的两大基本特征是客观性和主体性。法的价值包括了自由、平等、秩序、人权、公平、正义等,其中,法的最基本的价值是自由、秩序、正义。人们在追求各种价值时,通常存在着各种矛盾，在追求最大自由时，有可能会损害到秩序，为了最大限度地保障安全与秩序，又可能对自由造成一定损害。因此，我们需要对法的价值进行价值判断，从而寻找到最能符合人们需要的价值平衡点。

■ 思考与练习

一、 单项选择题

1. 作为法学和法律上的自由是指人的权利，即（　　　）权。

  A. 人身   B. 生命

  C. 财产   D. 自由

2. 下列关于法律价值的表述不能成立的是（　　　）。

  A. 自由是评价法律是否进步的标准

  B. 法律本身所有的各种属性是法律价值得以形成的基础和条件

  C. 秩序是法律的基础价值，处于法律价值的顶端

  D. 正义能推动法律内部结构的完善

3. 2019 年 3 月 21 日 14 时 48 分许，位于江苏省盐城市响水县生态化工园区的天嘉宜化工有限公司发生特别重大爆炸事故，造成 78 人死亡、76 人重伤，640 人住院治疗，直接经济损失 19.86 亿元。

  2020 年 11 月 30 日，江苏省盐城市中级人民法院及其辖区的 7 个基层人民法院，一审公开宣判，对 7 家被告单位和 53 名被告人依法判处刑罚。这是迄今涉环境犯罪被判刑期最长的一起案件。关于法的价值和作用，说法错误的是（　　　）。

  A. 该案的审理必将对今后环境违法行为产生巨大震慑

  B. 该案的审理有利于维护良好的秩序

  C. 危害已经发生，法院的审理于事无补，没有价值

  D. 该案的审理体现了法律伸张正义的价值

4. 关于法与秩序的关系，说法错误的是（　　　）。

  A. 秩序本身的性质决定了秩序是法的基本价值

  B. 秩序是法的价值基础，哪怕牺牲了自由、平等为代价，也要维护秩序的存在

  C. 法维护经济秩序

  D. 秩序虽然是法的基础价值，但本身也需要以合乎人性、符合常理作为其目标

二、 多项选择题

1. 法对自由的保障作用主要体现在（　　　　　）。

A. 法以自由为目的　　　　B. 法律对自由的保障

C. 法律确定自由的范围　　D. 法律保证自由的实现

2. 下列表述正确的选项有（　　　　　）。

A. 自由是法律许可范围内的自由，并不是任何人的任性

B. 法律通过惩罚罪恶以伸张正义

C. 正义与秩序有时候会发生冲突

D. 秩序表现为社会关系的某种连续性、稳定性

3. 下列可以作为法对价值的综合选择原则的有（　　　　　）。

A. 价值位阶原则　　　　　B. 个案平衡原则

C. 比例原则　　　　　　　D. 个人意志原则

4. 法的主要价值是（　　　　　）。

A. 自由　　　　　　　　　B. 正义

C. 秩序　　　　　　　　　D. 和谐

5. 在广州摘杨梅再审案中，广州市中级人民法院再审村委会并未违反安全保障义务，不应承担赔偿责任。结合法的价值相关理论判断，下列说法正确的有（　　　　　）。

A. 吴某私自爬树采摘杨梅跌落坠亡，行为有违村规民约和公序良俗

B. 广州市中级人民法院的再审改判体现法律的正义

C. 如果村委会做好安全保障措施，吴某就不会坠亡，村委会应当承担责任，体现公平的原则

D. 广州市中级人民法院的再审改判有利于树立公平正义的价值观，有利于维护良好的社会秩序

三、判断题

（　　　）1. 自由无法实现的原因是多方面的，但法律保证自由实现的方式却不是多方面的。

（　　　）2. 法律总是为一定秩序服务的，法律是秩序的象征，又是建立和维护秩序的手段。

（　　　）3. 正义可以填补法律空白，但正义不可以作为纠正法律失误的力量。

四、名词解释

1. 法的价值

2. 价值判断

3. 价值位阶原则

五、简答题

1. 法律对维护秩序的作用主要表现在哪些方面？

2. 对法的价值进行综合选择所应遵守的主要原则有哪些?

3. 正义在法律生活中起到什么作用?

六、 实践训练题

组织一次班级辩论赛,结合聂树斌案件辩论"迟到的正义是否为正义"。 正方: 迟到的正义还是正义; 反方: 迟到的正义不是正义。

第五章　法的渊源与体系

学习目标

　　知识目标： 掌握法的渊源的概念及当代中国法的渊源,法的要素的概念和内容,法的规则的逻辑结构,法律体系的概念,法的部门的划分标准;理解法的原则的价值;了解当今我国法律部门的构成。

　　能力目标： 能熟练区分当代中国法的各种渊源;能运用法的规则的逻辑结构知识分析现行法律中的法条;能判断我国不同法律部门的具体划分标准;能完整表述我国现行部门法体系的构成。

第一节　法 的 渊 源

引例

　　2021年6月1日,为了更好地保障未成年人的合法权益,新修订的《未成年人保护法》开始实施(图5-1)。在新法实施的当天,教育部部长签发第50号教育部令,颁布《未成年人学校保护规定》。此外还有全国人民代表大会常务委员会修订的《中华人民共和国预防未成年人犯罪法》,最高人民法院《最高人民法院关于审理未成年人刑事案件具体应用法律若干问题的

图5-1　新修订的《未成年人保护法》

解释》,广东省根据《未成年人保护法》和有关法律、法规,结合实际情况而制定的《广东省未成年人保护条例》。

　　试问:法官审理未成年人保护案件时可依据的法的渊源有哪些?

结合当代中国法的渊源进行分析。

一、法的渊源的概念

法的渊源,也称法源,是指法的效力渊源或法的外在表现形式,即由不同的国家机关制定或认可的,具有不同法律地位和效力的各种类别的规范性法律文件的总称。包括宪法、法律、法令、条例、章程、决议、决定、条约、习惯、判例等。

□ 知识链接

法的渊源又可分为正式法的渊源和非正式法的渊源。 正式法的渊源是指可以从体现于国家制定的规范性法律文件中的明确条文形式中得到的渊源,如宪法、法律等。 非正式法的渊源是指尚未在正式法律中得到权威性的明文体现的具有法律意义的准则和观念,如习惯、判例等。

二、法的渊源的历史发展

法的渊源是法的外在表现形式,不同历史时期或不同的历史类型的法的渊源有所不同,而同一历史时期或同一历史类型的不同国家的法的渊源也不尽相同。

奴隶制社会初期,法律以不成文的习惯法为主。法的渊源主要表现为习惯、宗教教规、道德规范和判例。到奴隶制社会的中后期,一些国家开始出现成文法。在我国,郑国子产铸刑鼎,首创成文法;魏国李悝著《法经》,第一次采用了成文法法典的形式。在古罗马,产生了奴隶制社会最完备的一部成文法法典——《优士丁尼民法大全》。

封建制社会,法的渊源有成文法和不成文法两种。中国封建制法最有代表性、发展最完备的是唐朝的法。中国封建社会成文法的表现形式具有多样性,可分为典、律、令、格、式、科、比等。

资本主义社会,法的渊源有了进一步的发展。其正式渊源一般包括制定法、判例以及授权立法等。此外,在资本主义国家中,还存在非正式意义的法的渊源,包括权威性的法学著作,正义、公平等原则、道德准则和习惯等。这类渊源,虽然没有法律上确定的约束力,但在正式渊源没有规定或规定不清楚的地方,往往会适用,它们是对正式意义的法的渊源的补充。

三、当代中国法的渊源

当代中国法的渊源主要由以宪法为核心的各种制定法构成,它主要是由我国不同的国家机关依宪法制定的,具有不同法律效力和地位的各种规范性法律文件构成的。这些不同层次和范畴的法律形式,共同组成一个结构严明、层次分明、互相联系的有机整体。

我国社会主义法的渊源有:

(一)宪法

宪法是国家的根本大法,它规定了当代中国的最根本政治、经济和社会制度,规定了国家的根本任务以及公民的基本权利和义务,规定了国家机关的组织结构和活动原则等国家生活中的最根本、最重要的问题,因此,宪法在法的表现形式中占据最高的法律地位、具有最高的法律效力,只能由国家最高权力机关即全国人民代表大会依照特定的程序制定、修改。按照我国宪法的规定,宪法具有最高的法律效力,其他各种法律、法规的制定均须以宪法为依据,凡是与宪法相抵触、相冲突的法律、法规均不具有法律效力。

(二)法律

在当代中国法渊源中,法律是仅次于宪法的主要的法的渊源,法律是由全国人民代表大会及其常务委员会制定和颁布的规范性法律文件。根据宪法的规定,法律分为基本法律和基本法律以外的法律,基本法律由全国人民代表大会制定和修改,内容涉及国家和社会生活中带有根本性和全面性的关系,如《刑法》《民法典》《刑事诉讼法》《民事诉讼法》等即为基本法律。基本法律以外的法律由全国人民代表大会常务委员会制定和修改,内容涉及除了由基本法律调整以外的国家和社会生活的某一方面社会关系,如《中华人民共和国商标法》(以下简称《商标法》)、《中华人民共和国产品质量法》(以下简称《产品质量法》)、《中华人民共和国国家赔偿法》(以下简称《国家赔偿法》)、《未成年人保护法》等。

此外,全国人民代表大会常务委员会所做出的具有规范性内容的决议和决定,也属于法律的范畴,与法律有同等的法律效力,如《全国人民代表大会常务委员会关于严惩严重危害社会治安的犯罪分子的决定》等。

(三)行政法规和部门规章

行政法规是国家最高行政机关根据宪法和法律制定、颁布的规范性法律文件的总称。行政法规的法律地位和法律效力仅次于宪法和法律。

按照宪法的规定,国务院作为最高国家行政机关,根据宪法和法律的规定,为了履行其行政管理职责,会发布大量具有规范性质的决定、命令、条例,这些带有规范性内容和性质的文件,也属于当代中国法的渊源。

根据宪法的规定,国务院所属各部委及直属机关有权根据法律和行政法规,在本部门的权限范围内发布规范性的命令、指示、规章和实施细则,这些由国务院所属各部委及直属机关发布的规范性文件称为部门规章。这些部门规章和行政法规一样,也是当代中国的法的渊源,其效力在行政法规之下。

（四）地方性法规和地方政府规章

地方性法规是指省、自治区、直辖市和设区的市的权力机关所制定的规范性法律文件,按照《宪法》《中华人民共和国地方各级人民代表大会和地方各级人民政府组织法》（以下简称《地方各级人民代表大会和地方各级人民政府组织法》）和《中华人民共和国立法法》（以下简称《立法法》）的有关规定,我国地方性法规包括:① 省、自治区、直辖市的人民代表大会和常务委员会（在本级人民代表大会闭幕期间）,根据本行政区域的具体情况和实际需要,制定和颁布的地方性法规;② 设区的市的人民代表大会和常务委员会（在本级人民代表大会闭幕期间）,根据本行政区域的具体情况和实际需要,制定和颁布的地方性法规。

地方政府规章是指省、自治区、直辖市和设区的市、自治州的政府所制定的规范性法律文件。根据《宪法》《地方各级人民代表大会和地方各级人民政府组织法》和《立法法》,省、自治区、直辖市以及省、自治区的人民政府所在地的市和经济特区所在地的市以及设区的市的人民政府,可以根据法律、行政法规制定规章。地方政府规章,也是当代中国法的渊源。

（五）民族自治地方的自治条例和单行条例

我国民族区域自治地方的人民代表大会制定的规范性法律文件,有自治条例和单行条例两种表现形式。根据《宪法》《地方各级人民代表大会和地方各级人民政府组织法》《中华人民共和国民族区域自治法》（以下简称《民族区域自治法》）和《立法法》的规定,民族自治地方的人民代表大会有权依照当地民族的政治、经济、文化特点,制定自治条例和单行条例。民族自治条例和单行条例不得违背宪法,也不得与全国性立法的原则相违背。自治区的自治条例和单行条例报全国人大常委会批准后生效;自治州、自治县的自治条例、单行条例报省或自治区的人大常委会批准后生效,并报全国人大常委会备案。民族自治地方的自治条例和单行条例也是当代中国法的渊源。

（六）特别行政区的法

《宪法》第31条规定:"国家在必要时得设立特别行政区。在特别行政区内实行的制度按照具体情况由全国人民代表大会以法律规定。"目前,在我国已设立了两个特别行政区,即香港特别行政区和澳门特别行政区。

全国人民代表大会分别制定了《中华人民共和国香港特别行政区基本法》《中华人民共和国澳门特别行政区基本法》,属于法律。特别行政区法,是指特别行政区的国家机关在宪法和法律赋予的权限内制定或认可,在该特别行政区具有普遍约束力的行为规则,包括特别行政区成立前原有的与宪法和特别行政区基本法不相抵触的法以及特别行政区成立后重新制定的法。

（七）国际条约和国际惯例

国际条约是指我国同外国缔结的双边和多边条约、协定和其他具有条约和协定性质的文件。国际条约对签约国有约束力，凡是我国政府签订的国际条约，也属于我国法的渊源之一。

第二节　法的要素

引例

2012 年 7 月 6 日，广药集团与加多宝公司于同日分别向法院提起诉讼，均主张享有"红罐王老吉凉茶"知名商品特有包装装潢的权益，并据此诉指对方生产销售的红罐凉茶商品的包装装潢构成侵权。一审法院判令加多宝公司停止侵权行为，刊登声明消除影响，并赔偿广药集团经济损失 1.5 亿元及合理维权费用 26 万余元。加多宝公司不服一审判决，向最高人民法院提起上诉。

最高人民法院结合红罐王老吉凉茶的历史发展过程、双方的合作背景、消费者的认知及公平原则的考量，因广药集团及其前身、加多宝公司及其关联企业，均对涉案包装装潢权益的形成、发展和商誉建树发挥了积极的作用，将涉案包装装潢权益完全判归一方所有，均会导致显失公平的结果，并可能损及社会公众利益。2017 年 8 月 16 日，最高人民法院终审判决认为，在遵循诚实信用原则和尊重消费者认知并不损害他人合法权益的前提下，涉案包装装潢权益可由广药集团与加多宝公司共同享有。

通过本案思考法律原则在司法实践中的作用。

分析

本案体现了法的原则指导法律解释和法律推理，补充法律漏洞，强化法律的调控能力。

一、法的要素的概念

要想了解法是什么，除了要了解法的定义、本质和特征之外，还必须进一步研究法的要素问题。法的要素指的是法是由哪些基本的因素或元素组成的。这是从微观层面上对法本身的结构所做的分析。依通说，我们可以把法的要素分为法律规则、法律原则和法律概念三种基本成分。本节即按此种区分对法进行要素分析。

二、法律规则

（一）法律规则的含义

规则，相当于俗称中的规矩。所谓法律规则，从形式上讲，就是具体规定法律权利和法律义务及法律后果的行为准则。从实质上看，法律规则往往体现或代表立法者的利益和意志。法就是通过这一条条规则规定行为人该做什么不该做什么的行为来实现对社会秩序的规范和调整的。这些法律规则是整个法律制度中最为基本的组成要素，它们的内容往往以法条的形式表现出来。

对某种行为或事实状态的法律意义做出明确规定，这是法律规则区别于另外两种法的要素（法律原则和法律概念）的显著特征。法律原则只是法律行为和法律推理的指南，它并不明确地规定一种事实状态及其法律意义；法律概念则只是对事实状态进行描述、区分和界定，而不包括具体的行为准则和后果。

（二）法律规则的逻辑结构

□ 知识链接

法律推理的逻辑基础是三段论。历史上，最早的三段论可以追溯到有"逻辑学之父"之称的古希腊哲学家亚里士多德的著作《工具论》。那么什么是三段论呢？先来看一个著名的三段论例子：所有的人都是要死的，苏格拉底是人，所以苏格拉底是要死的。这就是简单著名的"苏格拉底三段论"。近代以来在自然科学领域获得极大成功的逻辑三段论就一直主宰着法律推理的思维。可以说，近代法治理论很大程度上依赖于这种严格逻辑。经典的司法推理就是在法律规范所确定的事实要件的大前提下，寻找具体的事实要件这个小前提，最后依三段论得出判决结论的过程。只要一个具体事实满足这个规范所规定的所有事实要件，则可运用逻辑推理得出相应的结果。

法律规则有严密的逻辑结构，这是它与习惯和道德规范相区别的重要特征之一。法律规则的逻辑结构，指的是一条完整的法律规则本身是由哪些要素或成分组成，这些要素或成分是以何种逻辑联系结为一个整体的。依通说，我们可以把法律规则的要素区分为假定条件、行为模式和法律后果三种成分，并由此来考察它们之间的逻辑联系。

1. 假定条件

假定条件是法律规则的必要成分之一，是法律规则中关于适用该规则条件的规定。因此，有的学者也把假定称为条件或条件假设。其具体指法律规则中有关适用该规则的条件和情况的部分，即法律规则在什么时间、空间、对什么人适用的问题。它包含两个方面，即法律规则的适用条件和行为主体的行为条件。在立法实践中，立法者有可能省略假定条件这一要素，以求文字表达简明扼要。

任何规则,无论是法律规则,还是其他行为规则,都只能在一定范围内被适用。也就是说,只有当一定情况具备时,该规则才能够对人的行为产生约束力。这里所说的"一定范围""一定情况",就是由法律规则中的假定条件来明确的。例如,《刑法》规定,以营利为目的,聚众赌博或以赌博为业的,处3年以下有期徒刑、拘役或管制。这是否意味着任何人在任何条件下从事上述行为,都应无一例外按照这一规定被追究刑事责任呢? 显然不能这样来理解法律的规定。因为,如果行为人尚未达到刑事责任年龄,或因患有某种精神疾病而不能辨认行为的社会意识,或该行为发生于境外某个法律不禁止赌博的国家和地区,则不加区分地一律适用前述刑法规定,就是不合理的。至于此刑法规定究竟在何种条件下适用,需要考虑许多因素才能确定,而这些因素均属法律规则的假定条件。

2. 行为模式

行为模式也是法律规则的必要成分之一,即法律关于允许做什么、禁止做什么和必须做什么的规定。由于法律允许做什么就是授予可以为一定行为的权利,法律禁止做什么就是设定不得为一定行为的义务,而法律要求必须做什么,就是设定必须为一定行为的义务,因而,也有学者使用"权利和义务的规定"来称谓法律规则中"行为模式"这一要素。

在法律文件中,关于行为模式的规定常常使用这样一些术语或表达方式:可以、有权、有……的自由、不受……侵犯,或应当、必须、不得、禁止,等等。

3. 法律后果

法律后果也是法律规则的必要成分之一,是法律规则中对遵守规则或违反规则的行为予以肯定或否定的规定,法律后果分为肯定性后果和否定性后果两种形式。肯定性后果是确认行为以及由此产生的利益和状态具有合法性和有效性,予以保护甚至奖励。否定性后果是否认行为及由此产生的利益和状态具有合法性和有效性,不予保护甚至对行为人施以制裁。

(三)法律规则的种类

为了深入了解法律规则,就要了解法律规则的种类。按照不同的标准,可以把法律规则区分为不同的类型。在此,我们讨论一些比较重要的分类。

1. 权利规则、义务规则和复合规则

按照法律规则的行为模式不同,可以把法律规则分为以下三种类型,这也是最重要、最常用的分类。

权利规则又称授权性规则,是规定人们可以为一定行为或不为一定行为以及可以要求他人为一定行为或不为一定行为的法律规则。在典型的意义上说,权利规则授予人们以某种权利,也就是在法律上确认了某种选择的自由,人们可以通过行使权利来维持或改变自己的法律地位,也可以不去行使权利甚至放弃权利。

义务规则是规定人们必须为一定行为或不为一定行为的法律规则。义务规则与权利规则的显著区别在于它具有强制性而没有选择性,义务规则所规定的行为方式是不可以由义务人随意变更和选择的。

复合规则又称权利义务复合规则,是兼具授予权利和设定义务的双重属性的法律规则。这种规则的特点是,在一定的角度或一定的条件下看,它授予当事人某种权利;当事人可以根据此种权利去作为或不作为,其他人不得干涉,而且,也可以根据此种权利要求他人作为或不作为,对于这种要求,他人必须服从;但是,从另一种角度或条件下看,又会发现此种权利是不允许当事人选择或放弃的,因此,它又具义务的属性。例如,授予国家机关职权的法律规则就是复合性规则。依法享有一定职权,意味着可以做出一定行为或要求处于职权管辖范围内的其他人做出一定行为。然而,行使职权本身又是一种义务,不能适当地行使职权也就是不能适当地履行职责,这在一定条件下会构成违反法定义务的行为并引起法律责任。另外,授予普通公民以某种权利的规则,也可能属于复合规则,如授予监护权的规则,授予受教育权的规则,等等。

想一想:

《未成年人保护法》第 11 条规定:"国家机关、居民委员会、村民委员会、密切接触未成年人的单位及其工作人员,在工作中发现未成年人身心健康受到侵害、疑似受到侵害或者面临其他危险情形的,应当立即向公安、民政、教育等有关部门报告。"该法律规则属于权利规则、义务规则还是复合规则?

2. 强行性规则和任意性规则

根据法律规则的效力强弱或刚性程度不同,可以把法律规则区分为强行性规则和任意性规则。

强行性规则又叫强制性规则,指所规定的权利、义务具有绝对肯定形式,不允许当事人之间相互协议或任何一方任意予以变更的法律规则。义务规则和复合规则中的绝大部分都属于强行性规则。

任意性规则是指在规定权利、义务的同时,也允许当事人在法律许可的范围内通过协商自行设定彼此的权利和义务,只有当事人没有协议的情况下,才适用法律规则的规定。

想一想:

《民法典》第 1065 条第 1 款规定:男女双方可以约定婚姻关系存续期间所得的财产以及婚前财产归各自所有、共同所有或部分各自所有、部分共同所有。约定应当采用书面形式。没有约定或者约定不明确的,适用本法第 1062 条、第 1063 条的规定。

该法律规范属于强行性规则还是任意性规则?

3. 确定性规则、委任性规则和准用性规则

按法律规则内容的确定性程度不同,可以把法律规则区分为确定性规则、委任性规则和准用性规则。

确定性规则是明确地规定了行为规则的内容,无须再援用其他规则来确定本规则内容的法律规则。这是法律规则最常见的形式。

委任性规则是没有明确规定行为规则的内容,而授权某一机构加以具体规定的法律规则。例如,《中华人民共和国全国人民代表大会和地方各级人民代表大会选举法》(以下简称《选举法》)对选举的某些具体问题未加以明确规定,而是在第 60 条规定由省、自治区、直辖市的人民代表大会及其常务委员会根据《选举法》可以制定选举实施细则,报全国人民代表大会常务委员会备案。

准用性规则是没有明确规定行为规则的内容,但明确指出可以援引其他规则来使本规则的内容得以明确的法律规则。准用性规则准许引用某种规则来使本规则的内容得以明确,例如,《未成年人保护法》第 129 条规定:违反本法规定,侵犯未成年人合法权益,造成人身、财产或者其他损害的,依法承担民事责任。违反本法规定,构成违反治安管理行为的,依法给予治安管理处罚;构成犯罪的,依法追究刑事责任。

法律规则的种类如表 5-1 所示。

表 5-1　法律规则的种类

分类标准	类　别	举　例
法律规则的行为模式不同	权利规则	有权……;享有……的权利;可以……
	义务规则	有……义务;须得……;要……;应……;必须……
	复合规则	有……职权
法律规则的效力强弱或刚性程度不同	强行性规则	内容具有强制性,不容许更改
	任意性规则	允许自行选择,协商确定行为的模式
法律规则内容的确定性程度不同	确定性规则	无须援引或参照其他规则
	委任性规则	由其他机关制定规定
	准用性规则	把规则的内容指向了其他规则,参照……

三、法律原则

(一)法律原则的含义

法律原则是可以作为众多法律规则之基础或本源的综合性、稳定性的原理和准则。原则的特点是,它不预先设定任何确定而具体的事实状态,也没有规定具体的权利、义务和责任。

因此,与法律规则相比,法律原则的内容在明确化程度上显然低于法律规则,但是,法律原则所覆盖的事实状态远广于法律规则,因而,法律原则的适用范围也远广于法律规则。例如,"酒后不得驾驶机动车"是一条法律规则,它的内容具有高度的明确性,也正因如此,它只能适用于某个特定类型之中的各个具体行为(比如针对驾驶机动车的司机);而"公平对待"则是一条法律原则,它的内容显然不像前述规则那样明晰,但是,它能够起作用的行为领域是极其宽广的,包含于法律的全部活动中。

(二)法律原则的种类

1. 基本原则与具体原则

按照法律原则对人的行为及其条件之覆盖面的宽窄和适用范围大小,可以将法律原则分为基本原则与具体原则。基本原则中体现了法律的基本精神,是在价值上比其他原则更为重要,在功能上比其他原则的调整范围更广的法律原则。具体原则是以基本原则为基础,并在基本原则指导下适用于某一特定社会关系领域的法律原则。当然,基本原则与具体原则的划分只有相对的意义。例如,相对于"法律面前人人平等"原则而言,"罪刑法定"就是只适用于犯罪与刑罚领域的具体原则;但是,如把讨论问题的范围限定在刑法领域,则"罪刑法定"就成为刑法的基本原则。

2. 公理性原则和政策性原则

按照法律原则产生的基础不同,可以将法律原则分为公理性原则和政策性原则。公理性原则是从社会关系本质中产生出来、得到社会广泛认可并被奉为法律之准则的公理。例如,民法典中民事活动应当遵循自愿、公平、等价有偿、诚实信用的原则,即为民事法律的公理。政策性原则是国家在管理社会事务的过程中为实现某种长期、中期或近期目标而做出的政治决策。例如,《宪法》中规定"国家实行社会主义市场经济"的原则,即为政策性原则。

3. 实体性原则与程序性原则

按照法律原则涉及的内容和问题不同,可以将法律原则分为实体性原则与程序性原则。实体性原则是直接涉及实体性权利、义务分配状态的法律原则。例如,宪法中的民族平等原则和民法中的契约自由原则都是实体性原则。程序性原则是通过对法律活动程序进行调整而对实体性权利、义务产生间接影响的法律原则。例如,无罪推定原则和民事诉讼当事人地位平等原则都是程序性原则。

(三)法律原则的功能

在法治实践中,法律原则具有非常重要的和不可替代的功能。

法律原则直接决定了法律制度的基本性质、基本内容和基本价值取向。法律原则是法律精神最集中的体现,因而,构成了整个法律制度的理论基础。可以说,法律原则也就是法律制度的原理和机理,它体现着立法者及其代表的社会群体对社会关系的本质和历史发展规律的基本认识,体现着他们所追求的社会理想的总体图景,体现着他们对各种相互重叠和冲突着的利益要求的基本态度,体现着他们判断是非善恶的根本准则,所有这一切,都以高度凝缩的方式集中在一个法律制度的原则之内。因此,确立了一批什么样的法律原则,也就确立了一种什么样的法律制度。

具体而言,法律原则的作用主要表现在以下三个方面。

1. 指导法律解释和法律推理

法律解释和法律推理是法律实施过程中两个关键性环节。为了将抽象的普遍性规则适用于具体的事实、关系和行为,就必须对法律进行解释并进行法律推理。在这一过程中,原则构成了正确理解法律指南,尤其当法律的含义存在着做出复数解释的可能时,原则就成为在各种可能的解释中进行取舍的主要依据。同时,原则也构成了推理的权威性出发点,从而大大降低了推理结果不符合法律目的的可能性。可以说,如果没有法律原则的指导作用,不合理的法律解释和法律推理就会以较高的频率出现,并使法律的实施受到消极影响。

2. 补充法律漏洞,强化法律的调控能力

由于社会关系的复杂性和变动性,立法者对应纳入法律调整范围的事项可能一时尚难以做出细致的规定,也可能因缺乏预见而未做规定,还可能因思虑不周而导致已有的规定在某些情况下不能合理地适用,否则即违反了法律的目的。上述情形在各国法律实践中均难以完全避免。此时,法律原则就成为补充法律漏洞的一种不可替代的手段,它可以使法律对规则空白地带的事项加以调整,也可以防止现有规则的不合理适用。

3. 限定自由裁量权的合理范围

各国法律实践的经验表明,再详尽的法典也不可能使法律适用变成一种类似于数学运算那样的操作过程。数学运算的最终答案是非选择性的、唯一的,而法律适用常面临在数种可能的结论中做出选择的问题。例如,量刑幅度、罚款幅度等许多的规定都允许适用法律的机构有一定的自由选择空间。但是,如果对在此一空间中的选择不加任何限定,就会使自由裁量权绝对化,这样一来,极易导致职权的滥用,从而对法律秩序构成威胁。如何使自由裁量权保持在合理的范围之内?法律原则就是重要的因素。如能使自由裁量权受制于法律原则,那么,自由裁量权的积极作用就能充分发挥,而其消极作用则得以预防,发生了问题也容易得到纠正。

□ 知识链接

　　自由裁量权的含义是合法合理地进行自由选择的权力。 司法自由裁量权的含义是指法院或法官在司法活动中合法合理地进行自由选择的权力。 例如,当刑法对某种犯罪规定了一定幅度的刑罚时,法官可以根据案件的情节和犯罪分子的主观恶性在上述幅度内做出选择。

四、法律概念

作为法的要素之一,法律概念指的是在法律上对各种事实进行概括,抽象出它们的同一性和差异性而形成的权威性范畴。法律概念是法律思想的基本要素,并是我们将杂乱无章的具体事项进行重新整理归类的基础。法律概念本身并不能将一定的事实状态和法律后果联系起来,但是,它却是适用法律规则和法律原则的前提。只有当我们把某人、某事、某行为归入某一法律概念所指称的范围时,才谈得上法律的适用问题。例如,《刑法》第20条规定:为了使国家、公共利益、本人或者他人的人身、财产和其他权利免受正在进行的不法侵害,而采取的制止不法侵害的行为,对不法侵害人造成损害的,属于正当防卫,不负刑事责任。但在具体的案件当中,需要结合具体案情具体判断是属于"正当防卫"还是"防卫过当",两者承担不同的法律责任。

在理解法律的概念时,有一点必须注意,法律概念是借助词汇来表达的,由此便引发出一些问题。法律在表达一个概念时所使用的语汇,有些是专业用语,这些专业用语的含义比较精确,但不易于使专业人士之外的普通人理解。例如:假释、诉讼时效、留置权、信托财产、法人人格,等等。有些专业用语来自日常用语,这些用语易于使普通人理解,但其含义的精确程度较低,因而容易引起歧义,例如,疏忽、过错、公平、适当注意,等等。日常法律用语在使用时,往往与其原有的日常含义有所区别。

第三节 法律体系

引例

高空抛物,是一种不文明的行为,而且会带来很大的社会危害(图5-2)。

《民法典》第1254条规定,"禁止从建筑物中抛掷物品。从建筑物中抛掷物品或者从建筑物上坠落的物品造成他人损害的,由侵权人依法承担侵权责任;经调查难以确定具体侵权人的,除能够证明自己不是侵权人的外,由可能加害的建筑物使用人给予补偿。可能加害的建筑物使用人补偿后,有权向侵权人追偿。物业服务企业等建筑物管理人应当采取必要的安全保障措施防止前款规定情形的发生;未采取必要的安全保障措施的,应当依法承担未履行安全保障义务的侵权责任。发生本条第一款规定的情形的,公安

图5-2 保护"头顶上的安全"

等机关应当依法及时调查,查清责任人"。

2021 年 3 月 1 日正式实施的《刑法修正案(十一)》中,单独设立了高空抛物罪,规定"从建筑物或者其他高空抛掷物品,情节严重的,处一年以下有期徒刑、拘役或者管制,并处或者单处罚金。有前款行为,同时构成其他犯罪的,依照处罚较重的规定定罪处罚"。

请分析以上针对高空抛物的各项法律分别属于哪个法律部门。

分析

以上分别属于民商法部门和刑法部门。

一、法律体系的概念和特点

法律体系,是指由一国现行的全部法律规范按照不同的法律部门分类组合而形成的一个呈体系化的有机联系的统一整体。

从以上法律体系的概念来看,法律体系有以下三个特点:

(一)法律体系是一个国家的全部现行法律构成的整体

这就是说,法律体系既不是几个国家的法律构成的整体,也不是一个地区或几个地区的法律构成的整体,而是一个主权国家的法律构成的整体;既不包括一国历史上的法律或已经失效的法律,也不包括一国将要制定的法律或尚未生效的法律,只包括现行的国内法。法律体系不仅是一个国家的社会、经济、政治和文化等条件和要求的综合性法律表现,而且是一个国家主权的象征和表现。

(二)法律体系是一个由法律部门分类组合而形成的呈体系化的有机整体

法律体系作为一个"体系",它的内部构成要素是法律部门,且各法律部门是按照一定的标准进行分类组合,呈现为一个系统的相互联系的有机整体。这既是法律体系的客观构成,也是法律体系的一种理性要求。

(三)法律体系的理想化要求是门类齐全、结构严密、内在协调

门类齐全是指在一个法律体系中,在宪法的统摄下,调整不同社会关系的一些最基本的法律部门应该具备,不能有缺漏;结构严密是指不但在整个法律体系之间要有一个严密的结构,而且在各个法律部门内部也要形成从基本法律到和基本法律相配套的一系列法规、实施细则等;内部协调是指在一个法律体系中,一切法律部门都要服从宪法并与其保持协调一致,即普通法与根本法相协调,程序法与实体法相协调等。

二、法律部门的划分

"法律部门"这一概念,在有的法学著作和教材中被称为"部门法",它是指根据一定的标

准和原则,按照法律调整社会关系的不同领域和不同方法所划分的同类法律规范的总和。法律部门是法律体系的基本组成要素,各个不同的法律部门的有机组合,便成为一国的法律体系。

法律部门的划分标准有两种:其一,法律规范所调整的社会关系;其二,法律规范的调整方法。这两个方面有着较为密切的内在关系。

(一)法律规范所调整的社会关系

法律是调整社会关系的行为准则,任何法律都有其所调整的社会关系,否则,就不成其为法律。法律部门就是以法所调整的社会关系的内容作为依据来划分一部法律属于哪一部门的。调整的社会关系的内容决定着法律规范的性质。社会关系是多种多样且复杂的,人们可以将社会关系分为政治关系、经济关系、文化关系、宗教关系、家庭关系等,当这些不同领域的社会关系成为法律调整的领域之后,它们便成为法律部门形成的基础,而调整不同领域的社会关系的法律又形成不同的法律部门。

(二)法律规范的调整方法

划分法律部门,还需将法律规范的调整方法作为划分标准,如可将凡属以刑罚制裁方法为特征的法律规范划分为刑法法律部门,将以承担民事责任方式的法律规范划分为民法法律部门,等等。

三、当代中国的法律体系

当代中国的法律体系,在经历了几十年的曲折历史之后,尤其是在 1979 年中国实行改革开放、加强社会主义民主和法制建设之后,经过四十多年的努力,已初步形成了以宪法为核心的社会主义法律体系框架(图 5-3)。这个法律体系包括以下一些主要的法律部门:

图 5-3　当代中国法律体系构成

(一)宪法及宪法相关法部门

宪法是国家的根本大法,它规定国家的根本制度和根本任务、公民的基本权利和义务,具有最高的法律效力。宪法相关法是与宪法相配套、直接保障宪法实施和国家政权运作等方面的法律规范的总和,主要包括四个方面的法律:① 有关国家机构的产生、组织、职权和基本工作制度的法律;② 有关民族区域自治制度、特别行政区制度、基层群众自治制度的法律;③ 有关维护国家主权、领土完整和国家安全的法律;④ 有关保障公民基本政治权利的法律。

在宪法这一占主导地位的法律部门中,现行的主要法律规范就是 1982 年通过的《中华人民共和国宪法》,以及 1988 年、1993 年、1999 年、2004 年、2018 年五部《中华人民共和国宪法修正案》。除此之外,宪法部门还包括以下宪法性法律文件和规范:国家机关组织法,主要有全国人民代表大会组织法、国务院组织法、人民法院组织法、人民检察院组织法、地方各级人民代表大会和地方各级人民政府组织法;国家权力机关议事规则及人民代表法,主要有全国人民代表大会议事规则、全国人民代表大会常务委员会议事规则、全国人民代表大会和地方各级人民代表大会代表法;选举法,主要有全国人民代表大会和地方各级人民代表大会选举法、人民解放军选举全国人民代表大会和地方各级人民代表大会代表的办法、香港特别行政区选举人民代表的办法等;民族区域自治法和特别行政区基本法;监察法。

随着我国社会主义市场经济法律体系的逐步完善,宪法部门还会不断得到丰富和扩充。

想一想:
我们常说,宪法是母法,请根据上文对宪法的表述想一想这句话的含义。

(二)行政法部门

行政法是规范行政管理活动的法律规范的总和,包括有关行政管理主体、行政行为、行政程序、行政监督以及公务员制度等方面的法律规范。行政法调整的是行政机关与行政管理相对人(公民、法人和其他组织)之间因行政管理活动而发生的法律关系。

我国行政法部门主要包括《中华人民共和国行政处罚法》(以下简称《行政处罚法》)、《中华人民共和国行政复议法》(以下简称《行政复议法》)、《中华人民共和国行政许可法》(以下简称《行政许可法》)、《中华人民共和国行政强制法》(以下简称《行政强制法》)等法律。

(三)民商法部门

民商法是规范民事、商事活动的法律规范的总和,所调整的是自然人、法人和其他组织之间以平等地位而发生的各种法律关系,可以称为横向关系。我国采取的是民商合一的立法模式。民法典是一个传统的法律门类,它所调整的是平等主体的自然人之间、法人之间、自然人与法人之间的财产关系与人身关系。商法是民法中的一个特殊部分,是在民法基本原则的基础上适应现代商事活动的需要逐渐发展起来的,主要包括公司、破产、证券、期货、保险、票据、海商等方面的法律。

（四）经济法部门

经济法是调整因国家从社会整体利益出发对市场经济活动实行干预、管理、调控所产生的法律关系的法律规范的总和。经济法是在国家干预市场活动过程中逐渐发展起来的一个法律门类,一方面与行政法的联系很密切,另一方面又与民商法的联系很密切,往往在同一个经济法中包括两种不同性质法律规范,既有调整纵向法律关系的,又有调整横向法律关系的,因而具有相对的独立性。我国经济法部门主要包括《中华人民共和国预算法》(以下简称《预算法》)、《中华人民共和国审计法》(以下简称《审计法》)、《中华人民共和国个人所得税法》(以下简称《个人所得税法》)、《产品质量法》等。

（五）社会法部门

社会法是规范劳动关系、社会保障、社会福利和特殊群体权益保障方面的法律关系的总和。社会法是在国家干预社会生活过程中逐渐发展起来的一个法律门类,所调整的是政府与社会之间、社会不同部分之间的法律关系。我国社会法部门主要包括《中华人民共和国劳动法》(以下简称《劳动法》)、《中华人民共和国劳动合同法》(以下简称《劳动合同法》)、《中华人民共和国职业病防治法》(以下简称《职业病防治法》)等。

（六）刑法部门

刑法是规范犯罪、刑事责任和刑事处罚的法律规范的总和。刑法是一个传统的法律门类,与其他法律门类相比,具有两个显著特点:一是所调整的社会关系最广泛;二是规范力度最严厉。

刑法适用于社会危害较大、触犯了刑法规范的犯罪嫌疑人。刑罚是最严厉的法律制裁方法。我国刑法部门主要包括《刑法》和 11 部刑法修正案等。

（七）诉讼与非诉讼程序法部门

诉讼与非诉讼程序法是调整因诉讼活动和非诉讼活动而产生的社会关系的法律规范的总和。诉讼与非诉讼程序法部门内容相对单一,大致有三个分支:① 有关诉讼的法律,包括《刑事诉讼法》《民事诉讼法》《行政诉讼法》《海事诉讼法特别程序法》等;② 有关仲裁的法律,主要是《仲裁法》;③ 有关调解的法律,如《人民调解法》。

诉讼与非诉讼程序法是相对于实体法而言的一个重要的法律部门。实体法是规定各种实体权利和义务的法律,而诉讼与非诉讼程序法则是规定在诉讼和仲裁过程中各个诉讼或仲裁主体的程序性权利和程序性义务的法律。近年来随着程序价值被我们越来越多地关注,程序法在我国民主法制建设进程中的价值日渐彰显。

第四节　法律效力

法律效力

引例

2011 年 10 月,发生震惊国际的"湄公河惨案"。中国两艘商船在湄公河金三角水域遭遇袭击,13 名船员全部遇难,1 人失踪。2012 年 5 月 10 日,"湄公河惨案"主犯糯康被抓获后由老挝依法移交中国。2012 年 9 月 20 日上午 9 时 30 分,昆明市中级人民法院公开开庭审理。2012 年 11 月 6 日判决死刑,糯康与其余 5 名被告人赔偿原告共计人民币 600 万元。糯康等 6 名被告人以一审量刑过重为由向云南省高级人民法院提出上诉。2012 年 12 月 26 日,云南省高级人民法院做终审裁定,驳回上诉、维持原判。

试用法的效力对该案件进行分析。

分析

可以从法对人的效力、法的空间效力、法的时间效力三个角度进行分析。

一、法律效力的概念

法律效力,即法律规范的约束力,具体指法律规范在什么时间、什么地点、对什么人和对什么事具有法律上的约束力。任何法律规范都是在一定的时间和空间内,对一定的人和事有效。因此,正确理解法律的效力范围,是法的实施的重要前提。

法律效力这一概念,通常有广义和狭义两种理解。广义上的法律效力,泛指法律约束力和法律强制性。无论是规范性法律文件还是非规范性法律文件(如判决书、调解书等),都具有这种广义上的法律效力。而狭义上的法律效力,仅指法律规范的生效范围或适用范围。本节所采用的是狭义法律效力的概念。

法律效力可以分为法对人的效力、法的空间效力和法的时间效力三种。

想一想:

我们在学校里遵守的校规校纪,在什么情况下才对我们有约束力? 当我们离开学校回到家中或者毕业后还要不要遵守这些校规校纪?

二、法对人的效力

法对人的效力,也就是法律规范对什么人有约束力,即法律适用于哪些人。

世界各国法律对人的效力规定不尽相同,它们采用不同的原则确认法律对人的效力。这些原则主要有以下几种:

(一)属人主义原则

属人主义原则又称国民主义,即法律对具有本国国籍的公民和在本国登记注册的法人适用,而不论他们在本国领域内或者本国领域外。外国人和无国籍人即使在本国境内犯法,也不适用本国法律。

(二)属地主义原则

属地主义原则又称领土主义,即凡在本国领域内的所有人都适用本国法律,而不论是本国人还是外国人和无国籍人。本国人如不在本国领域内不受本国法律的约束。

(三)保护主义原则

保护主义原则即以保护本国利益为基础,任何人只要损害了本国利益,不论损害者的国籍和所在地域在哪里,均受该国法律的追究。

(四)折中主义原则

折中主义原则即以属地主义为基础,以属人主义、保护主义为补充,这是近现代大多数国家所采用的原则。我国法律对人的效力也采用这一原则。

根据我国法律的规定,对人的效力包括两个方面:

1. 对中国公民的法律效力

凡具有中国国籍的人都是中国公民,中国公民在中国领域内一律适用中国法律。中国公民在国外原则上适用我国法律。但是由于中国公民在外国不仅受中国法律的约束,同时还要受到居住国法律的约束,而各国的法律规定又是不同的,这样就会在适用法律时产生矛盾。对此既要维护中国主权,又要尊重他国主权。根据有关国际条约和惯例,我国法律规定,我国公民在国外有些情况下适用我国法律,有些情况适用外国法律。再如《刑法》第 7 条第 1 款规定:"中华人民共和国公民在中华人民共和国领域外犯本法规定之罪的,适用本法,但是按本法规定的最高刑为三年以下有期徒刑的,可以不予追究。"

2. 对外国人(包括无国籍人)的法律效力

外国人在我国领域内,除法律有特别规定的外,都应受我国法律的约束。《宪法》第 32 条第 1 款规定:"中华人民共和国保护在中国境内的外国人的合法权利和利益,在中国境内的外国人必须遵守中华人民共和国的法律。"《刑事诉讼法》第 16 条规定:"对于外国人犯罪应当追究刑事责任的,适用本法的规定。对于享有外交特权和豁免权的外国人犯罪应当追究刑事责任的,通过外交途径解决。"

外国人在我国领域外,如果侵害了我国国家或者公民的权益,也可以适用我国法律。如《刑法》第 8 条规定:"外国人在中华人民共和国领域外对中华人民共和国国家或者公民犯罪,而按本法规定的最低刑为三年以上有期徒刑的,可以适用本法,但是按照犯罪地的法律不受处罚的除外。"

分析问题

阮某,越南人,女,20 岁。 外籍人约翰(化名)以每次 300 美元酬金的条件要求阮某在越南雇人利用行李箱夹藏毒品携带进入中国境内,雇人酬金及其他所有费用都由约翰支付。 随后,阮某在越南找到女性许某、胡某,提出以每人 500 美元的报酬雇用两人将夹藏毒品的行李箱携带进入中国。 许某、胡某携带有夹藏毒品的行李箱乘坐航班入境海口,在通关检查时,海口海关当场从两个人随身携带的两个行李箱内分别查获毒品海洛因各一包,每包毛重均为 2 100 克。

试问:我国法律对在我国犯罪的外国人是否具有效力?

分析

按照刑法属地原则,适用我国法律对其进行处罚。

三、法的空间效力

法的空间效力是指法律在哪些地域范围内适用。一般来说,一个主权国家的法律适用于主权所及的全部领域,包括陆地、水域及其领空。此外还包括延伸意义的领土即本国驻外使馆和在本国领域外的本国船舶和飞行器。但对于各个具体的法律来说,由于制定的机关和法律的内容不同,其适用范围是不同的。法律的空间效力一般有以下三种情况:

(一)在全国范围内生效

全国人大及其常委会制定的宪法、法律和国务院制定的行政法规、国务院组成部门制定的部门规章除本身有特殊规定者,其效力及于我国全部领域。

(二)在局部领域生效

地方性法规、自治条例、单行条例以及地方政府规章都只在制定这些法规、条例和规章的国家机关所管辖的区域内生效。此外,有些由全国人大、人大常委会制定但是法律本身明确规定了在特定范围内适用的法律,则只在特定范围内生效,如由全国人大制定的《香港特别行政区基本法》只适用于香港特别行政区。

(三)在域外生效

某些法律、法规不仅在我国领域内生效,在一定条件下,还可以在我国领域外生效,具有域外效力,如《中华人民共和国海洋环境保护法》(以下简称《海洋环境保护法》)第2条第3款规定:"在中华人民共和国管辖海域以外,造成中华人民共和国管辖海域污染的,也适用本法。"

四、法的时间效力

法的时间效力是指法律何时开始生效和何时终止生效(或失效)以及法律对其生效以前的行为和事件有无溯及力的问题。

(一)法律的生效时间

法律的生效时间是指法律什么时间开始有法律约束力。它一般根据法律的具体性质和实际需要来确定。通常有以下三种情况:其一,自法律公布之日起生效。比如《反食品浪费法》已经2021年4月29日第十三届全国人大常委会第二十八次会议通过,自公布之日起施行。其二,由法律条文本身规定生效的时间。我国很多法律均属于此种情况。《民法典》于2020年5月28日表决通过,自2021年1月1日起施行。其三,先公布试行经过一段时间再正式公布并实施。

(二)法律的废止时间

法律废止即法律终止生效,是指法律绝对的失去效力。

在我国法律的终止生效时间有以下几种不同的情况:其一,随着新法的公布实施,相应的原有法律即自动失去效力。如1997年10月1日新《刑法》的实施使1979年的《刑法》失效。其二,新法颁布后,在新法中明文规定(宣布)原有法律自新法生效之日起失效。比如《民法典》1260条,宣布《中华人民共和国婚姻法》(以下简称《婚姻法》)、《中华人民共和国继承法》(以下简称《继承法》)、《中华人民共和国民法通则》(以下简称《民法通则》)、《中华人民共和国收养法》(以下简称《收养法》)、《中华人民共和国担保法》(以下简称《担保法》)、《中华人民共和国合同法》(以下简称《合同法》)、《中华人民共和国物权法》(以下简称《物权法》)、《中华人民共和国侵权责任法》(以下简称《侵权责任法》)、《中华人民共和国民法总则》(以下简称《民法总则》)同时废止。其三,有的法律因已完成其历史使命而自然失效。其四,法律本身明文规定了其终止生效的时间或期限,期限届满又无延期规定的,即自行终止生效。

(三)法律规范的溯及力

法律规范的溯及力是指法律规范对其生效前发生的事件和行为是否适用。适用就具有溯及力;不适用就不具有溯及力。在一般情况下法律不溯及既往,即法律一般只适用于生效后发生的事件和行为,而不适用于生效前的事件和行为。因为人们只能根据现行的法律来规范自己的行为,而难以预见自己的行为是否符合尚未颁布施行的法律要求。

《立法法》第93条明确规定:"法律、行政法规、地方性法规、自治条例和单行条例、规章不溯及既往,但为了更好地保护公民、法人和其他组织的权利和利益而作的特别规定除外。"所以,我国的法律原则上没有溯及力。

■ 本章小结

　　从形式意义上来说,法的渊源是特指法的具体表现形式。 法的要素分为法律规则、法律原则和法律概念。 法律是一门逻辑性非常强的社会学科,这不仅表现在法律是由原则、规则、概念的完备要素所构成,更表现为整个国家的法律都依照一定的标准划分为不同的部门,而这些部门又按照一定的结构合理有序地展现为一定的体系。 我国在经历了几十年的努力之后已初步形成了以宪法为核心的社会主义法律体系框架。

■ 思考与练习

一、 单项选择题

1. 按照权利义务的刚性程度,可以把法律规则区分为( )。

　　A. 强行性规则和任意性规则　　　　　B. 委任性规则和准用性规则

　　C. 确定性规则、委任性规则和准用性规则　　D. 任意性规则和委任性规则

2. ( )是规定人们可以为一定行为或不为一定行为以及可以要求他人为一定行为或不为一定行为的法律规则。

　　A. 权利规则　　　　　　　　　　　　B. 义务规则

　　C. 复合规则　　　　　　　　　　　　D. 准用性规则

3. 具体原则是以( )为基础,并在基本原则指导下适用于某一特定社会关系领域的法律原则。

　　A. 基本原则　　　　　　　　　　　　B. 公理性原则

　　C. 政策性原则　　　　　　　　　　　D. 实体性原则

4. ( )是指由一国现行的全部法律规范按照不同的法律部门分类组合而形成的一个呈体系化的有机联系的统一整体。

A. 法律体系　　　　　　　　　　　　B. 法律部门

C. 法系　　　　　　　　　　　　　　D. 法律原则

5. 我国现行的宪法有（　　　）个修正案。

A. 2　　　　　　　　B. 3　　　　　　　　C. 4　　　　　　　　D. 5

二、多项选择题

1. 法的逻辑结构包括（　　　　）。

A. 假定条件　　　　B. 行为模式　　　　C. 法律后果　　　　D. 制裁

2. 法律部门的划分标准有（　　　　）。

A. 法律规范所调整的社会关系　　　　B. 法律规范的调整方法

C. 法律责任　　　　　　　　　　　　D. 法律原则

3. 我国经过 40 多年的努力，已初步形成了以宪法为核心的社会主义法律体系框架。这个法律体系主要包括（　　　　）。

A. 宪法部门　　　　　　　　　　　　B. 行政部门

C. 民商法部门　　　　　　　　　　　D. 刑法部门

4. 法律原则的作用有（　　　　）。

A. 指导法律解释和法律推理

B. 补充法律漏洞，强化法律的调控能力

C. 限定自由裁量权的合理范围

D. 是法律精神的概括，可以取代法律条文

三、判断题

（　　）1. 依通说，我们可以把法分为规则、原则和概念三种基本成分。

（　　）2. 与规则相比，原则所覆盖的事实状态远广于规则，因而，原则的适用范围也远广于规则。

（　　）3. 法律体系是一个国家的全部法律构成的整体。

（　　）4. 法律部门的划分标准自然是法律规范所调整的社会关系和法律规范的调整方法。

（　　）5. 我国经过 40 多年的努力，已初步形成了以行政法为核心的社会主义法律体系框架。

四、名词解释

1. 法的渊源

2. 法律原则

3. 法律效力

4. 法律概念

5. 法律部门

五、 简答题

    1. 简述当代中国法的渊源。

    2. 简述法律规则的逻辑结构。

    3. 简述我国的法律体系。

六、 实践训练题

    《中华人民共和国城市居民委员会组织法》和《中华人民共和国村民委员会组织法》是我国宪法部门体系中重要的组成部分。 请同学们以小组为单位，深入自己家庭所在的街道、社区、村庄，进行一次实地调查。 调查活动的主题是了解当地实施民主选举的实际情况。 调查方法可以是设计和发放调查问卷，也可以是访谈。 调查结束后撰写并提交一份由小组成员共同完成的调查报告。

第六章　法　律　关　系

学习目标

　　知识目标：了解法律关系的概念及分类；理解法律关系的构成要素；理解引起法律关系的产生、变更和消灭的法律事实。

　　能力目标：能结合具体的案件提炼法律关系；能指出某种法律关系中的主体、客体、内容；能结合具体案件辨析引起法律关系产生、变更与消灭的法律事实。

第一节　法律关系概述

引例

　　甲男与乙女系隔壁邻居。因甲喜欢聚集朋友在家打麻将，时常通宵达旦，喧闹声严重影响了乙家正常的休息。乙多次到甲家说明自己身体不好，神经衰弱，且孩子要学习，希望甲夜晚不要扰民。一次甲正在家玩麻将，乙又敲门表示不满。甲认为乙在朋友面前扫了自己面子，遂出言不逊，辱骂乙神经病。乙亦怒斥甲不务正业，像个赌徒。双方由此发生争吵，引来邻里十数人，纷纷劝说双方忍让。甲恼羞成怒，对乙进行殴打。乙遭此羞辱之后，神经受到严重刺激，神经衰弱加重，不能正常生活、工作，所在外企因此将其辞退。治病、休养、生活无来源，使乙身心、财产俱遭损伤。

　　试问：本例中甲乙之间存在哪些法律关系？

分析

　　甲乙之间存在以下法律关系：相邻关系、损害赔偿关系。

一、法律关系的概念

　　一般认为，法律关系是在法律规范调整社会关系的过程中所形成的人与人之间的权利和义务关系。法律关系由三大要素构成:主体、客体和内容。

法律关系是一种社会关系,但它又具有不同于一般社会关系的显著特征。

(一)法律关系是依法建立具有合法性的社会关系

社会关系本身是一个庞大的体系,其中有些领域是由法律规范调整的,比如政治关系,经济关系,行政管理关系等;但有些社会关系却在法律的作用范围之外,不能也不适合由法律调整,比如朋友关系等,这类社会关系就不可能成为法律关系。

想一想:

在我们的日常生活中,为什么朋友关系不能由法律加以调整?

经过法律规范的调整,法律规范的内容(包括行为模式及其后果)借助法律关系在现实社会生活中得到了具体的贯彻和实现,因此法律关系体现为一种符合法律规范的人与人之间的关系,具有合法性。

(二)法律关系是特定主体之间的权利义务关系的社会关系

凡是法律关系都是人与人之间的关系,这里的人包括自然人、法人、其他组织以及特定条件下的国家。

法律关系的内容体现为权利和义务,一旦特定的法律关系主体按照法律规范的规定进行法律活动,就能享受实际的法律权利,或应履行特定的法律义务。这是法律关系区别于根据习惯、道德等行为规范而形成的社会关系的主要之处。

(三)法律关系由国家强制力保障

法律关系是根据法律规范建立起来的,它反映了统治阶级的利益和意志,因此法律关系的设立和实现必然会受到国家强制力的保障。一旦法律关系受到损害,即权利受到侵犯,义务得不到履行,就意味着统治阶级建立的正常的社会关系和社会秩序受到破坏,而这是统治阶级所不能容忍的。所以,任何破坏法律关系的行为,都必然受到国家的否认、谴责,甚至受到国家强制力的制裁。

二、法律关系的分类

在法学上,由于根据的标准和认识的角度不同,可以对法律关系做不同的分类。比如按照法律关系所表现的社会内容,可以将其分为宪法法律关系、行政法律关系、民商事法律关系、劳动法律关系、军事法律关系、刑事法律关系、诉讼法律关系等。本书采用以下分类:

(一)平权型的法律关系与隶属型的法律关系

按照主体在法律关系中的地位不同,可以将法律关系分为平权型的法律关系和隶属型的法律关系。

平权型的法律关系,是指平等法律主体之间的法律上的权利义务关系。其特点是法律关系主体之间的法律地位完全平等,相互间没有隶属关系,都享有权利并承担义务,而且权利义务等量,互为内容。典型的例子就是民事法律关系。

隶属型的法律关系是指不平等的法律主体之间所建立的权力服从关系。其特点是法律关系主体处于不平等的地位,彼此之间有管理与被管理、命令与服从、监督与被监督诸方面的差别。隶属型的法律关系的典型例子是行政法律关系中,上级政府与下级政府、政府与公民和法人之间的关系,其中国家机关的权利、义务一般表现为职权和职责,不可自行转让、放弃或交换。

(二)调整性法律关系与保护性法律关系

根据法律关系产生的根据、执行的职能和实现范围内容的不同,可以将法律关系分为调整性法律关系和保护性法律关系。调整性法律关系是基于人们的合法行为而产生的,是法律规范发挥其调整作用的结果。例如,公民或法人根据民事法律规范设立、变更民事权利义务而形成的法律关系。保护性法律关系是由于违法行为产生的,目的在于恢复被破坏的权利与秩序。它的功能是在调整性法律关系受到干扰、破坏时,通过法律制裁进行补救和保护。它是法的实现的非正常形式。典型的例子有侵权损害赔偿法律关系、刑事法律关系等。

(三)单边法律关系、双边法律关系与多边法律关系

根据法律关系主体的数量多少,可以将法律关系分为单边法律关系、双边法律关系和多边法律关系。单边法律关系指权利人仅享有权利,义务人仅享有义务。比如在不附条件的赠与合同当中,赠与人负有赠与的义务不享有权利,而受赠人享有受赠的权利而不承担义务。双边法律关系有两个相对的法律关系主体,比如买卖合同关系。多边法律关系则是有三个以上主体参加的法律关系,比如,在涉及第三人的诉讼当中,不仅有原告与被告两边法律关系,第三人也与原告被告有相关的权利义务关系。这种分类的意义在于,可以更好地认识和处理法律关系中可能出现的权利义务重叠或冲突,以便合理确定各个主体的权利、义务之间的界限。

(四)主法律关系和从法律关系

按照相关的法律关系作用和地位的不同,可以将法律关系分为主法律关系与从法律关系。主法律关系是指法律关系主体之间依法建立的不依其他法律关系而独立存在的或在多项法律关系中处于支配地位的法律关系。从法律关系,是指依据主法律关系而产生的,居于从属地位的法律关系。很多情况下,相关的法律关系之间会有主次之分,如为担保债权的实现而在当事人之间订立的担保合同,就是从法律关系。

□ 分析问题

杭州的叶老先生是裱画师,去世后留下巨额财产。叶先生生前留下遗嘱要把其中的一些财产赠给小保姆吴某。在叶先生死后,他的两个女儿对遗嘱有异议,双方发生了纠纷。吴某向法院起诉,要求确认遗嘱有效。两审法院皆判决小保姆胜诉,遗嘱有效。

如何看待杭州小保姆受百万遗赠案的法律关系?

分析

结合法律关系的分类进行分析判断。

扫码观看

法律关系的构成
要素之主体

第二节　法律关系的构成要素

引例

2021年,15岁的学生小刘初二辍学在家,父母让他在自家开设的蔬菜批发摊位负责收钱。晚上无事可做的他很快被一家网络直播平台上的一名女主播吸引,用白天收菜的钱打赏女主播。70天的时间,小刘给这位女主播打赏158万元。

试问:小刘的父母可否要求直播平台返还这158万元打赏费?

分析

可以从法律关系的构成要素进行分析。

任何一种法律关系都是由主体、客体、内容三要素构成的。法律关系主体就是法律关系的参加者,客体就是权利义务共同指向的对象,内容就是法律关系主体享有的权利和承担的义务。

一、法律关系主体

(一)法律关系主体的概念与种类

所谓法律关系主体是指法律关系的参加者,即在法律关系中一定权利的享受者和一定义务的承担者,也称为权利主体和义务主体。法律关系主体的范围从古至今并不相同,它与某个特定社会的法律精神、社会物质生活条件和文明程度密切相关,呈现出明显的法律性和社会性。

法律关系主体的法律性是指,法律关系主体的性质和范围是由法律规范所决定的,不在法律规定范围内的主体,不得任意参加到法律关系中去,也不可能成为法律关系的主体。例如,《民法典》第1047条规定,法定结婚年龄,男性不得早于22周岁,女性不得早于20周岁。低于上述年龄就不能成为婚姻关系的主体。

法律关系主体的社会性是指,法律关系主体的性质与范围是由一定社会物质生活条件决定的。在奴隶社会,只有奴隶主和其他自由民才是法律关系的主体,占社会绝大多数的奴隶被排除在权利主体之外,当作会说话的工具,成为法律关系的客体。

在当代中国,可以参与法律关系,成为法律关系的主体包括以下三类:

1. 自然人

自然人是最常见的法律关系主体,它包括具有中华人民共和国国籍的公民和在中华人民共和国境内不具有中国国籍的外国人和无国籍人。

2. 法人与其他组织

组织主要包括三类:一是各种国家机关,包括中央和地方各级权力机关、检察机关、审判机关、行政机关和军事机关。国家机关在行使法律赋予的职权时,会成为法律关系的主体。二是企业、事业组织。三是各政党和社会团体。这些组织可以是法人,也可以是不具备法人资格的其他组织。

3. 国家

在特殊情况下,国家可以作为一个整体成为法律关系的主体。国际法上,国家通过签订国际条约或者加入国际公约,依法作为国际法权利的享有者和义务的承担者,成为国际法律关系的主体。在国内法的具体法律关系中,国家一般以国有企业、土地、矿藏、森林、山岭、草原、河流等国有资产和国家财产所有权的所有者身份,成为法律关系的主体。

议一议:

甲国与乙国是邻国,由于国界划分模糊,两个国家对相邻山脉的归属产生了纠纷。 试考虑: 这两个国家能否以国家的身份提起诉讼?

（二）权利能力和行为能力

公民和法人、其他组织要想成为法律关系主体,享有权利承担义务,就必须具有权利能力和行为能力,即具有法律关系主体构成的资格。

1. 权利能力

权利能力,是指能够参与一定的法律关系,依法享有权利或承担义务的能力或资格。它是法律关系主体实际取得权利、承担义务必须具备的前提条件。根据具有权利能力的主体范围不同,可将权利能力分为一般权利能力和特殊权利能力两类。一般权利能力是所有公民不分差别地普遍具有、不能被剥夺的权利能力,它始于出生,终于死亡。特殊权利能力则是公民在特定条件下具有的,并不是每个公民都可以具有,而只授予某些特定的法律关系主体,比如在政治领域的选举权和被选举权、国家机关及其工作人员行使职权的能力等。这种权利能力往往要受特定条件的限制。

2. 行为能力

行为能力是指由法律确认的法律关系主体能够通过自己的行为取得权利、承担义务的实际能力。具有权利能力，并不意味着法律关系主体都能亲自运用这种能力，要行使权利、履行义务，还应当具备行为能力。不具备行为能力，则必须由其法定代理人代理其实施法律行为。公民的行为能力是公民的意识能力在法律上的反映，行为能力不仅意味着公民能够以自己的名义独立地参加到法律关系中，而且意味着公民能够认识理解自己行为的性质，控制自己的行为并对自己的行为负责。因此，公民是否达到一定年龄、神智是否正常就成为公民是否具有行为能力的判断标准。

想一想：
张三患有精神病，有一日精神病发作，他跑到大街上，把路人李四打成轻伤。 请问：在这个伤害案件中，张三是否能够成为此法律关系的主体？ 为什么？

《民法典》把公民划分为完全民事行为能力人，限制民事行为能力人和无民事行为能力人。① 完全民事行为能力人。《民法典》第 17、18 条的规定，18 周岁以上的自然人是成年人，具有完全民事行为能力，可以独立进行民事活动，是完全民事行为能力人。此外，16 周岁以上不满 18 周岁的公民，以自己的劳动收入为主要生活来源的，视为完全民事行为能力人。② 限制民事行为能力人。其包括 8 周岁以上的未成年人和不能完全辨认自己行为的成年人。限制民事行为能力人实施民事法律行为由其代理人或者经其法定代理人同意、追认。但 8 周岁以上的未成年人可以独立实施纯获利益的民事行为或与其年龄、智力相适应的民事行为；不能完全辨认自己行为的成年人可以独立实施纯获利益的民事行为或与其智力、精神健康状况相适应的民事法律行为。③ 无民事行为能力人。不满 8 周岁的未成年人、8 周岁以上不能辨认自己行为的成年人是无民事行为能力人，由其法定代理人代理实施活动。

议一议：
张某，今年 20 岁，于路边看到一个 5 岁的小朋友脖子上戴了一串珍珠项链，在和小朋友商量后，用一根棒棒糖与其交换了项链。 张某最终能得到这串项链吗，为什么？

二、法律关系客体

（一）法律关系客体的概念

法律关系客体是法律关系主体间的权利义务所共同指向的对象。从某种意义上讲，法律关系客体其实就是法律关系主体发生权利、义务关系时联系的中介,是权利义务内容所指向、影响、作用的对象。比如,在买卖法律关系中,买卖双方之间的权利义务联系是以物和金钱为中介的,所以,物和金钱就是买卖法律关系的客体。

法律关系客体是一个历史的概念,其具体范围受生产力发展水平和社会文明程度的制约,但总的趋势是,随着生产力的不断发展,法律关系客体的范围越来越广泛,许多原来不属于法律关系客体的社会财富逐渐变为客体,例如从刚死的人的身上移植的器官、相邻建筑间的采光条件等。同时,也有部分原本属于法律关系客体的"事物",随着人权与民主观念的逐渐发展,不再被视为客体。比如在奴隶社会,奴隶是会说话的工具,因而成为买卖、赠与等许多法律关系的客体,但社会形态发展到民主社会,所有的人都已成为法律关系的主体。人不得被视为法律上之"物",不能作为物权、债权和继承权的客体,拐卖或贩卖人口、买卖婚姻是法律明文禁止的违法或犯罪行为。

(二)法律关系客体的种类

概括起来,法律关系客体有以下四种形态。

1. 物

法律意义上的物是指法律关系主体支配的,在生产上和生活上所需要的可以作为财产权利对象的客观实体。它可以是天然物,也可以是生产物。作为法律关系客体的物与物理意义上的物既有联系,又有不同。它不仅具有物理属性,还具有法律属性。物理意义上的物要成为法律关系的客体,需要具备以下三项条件:第一,必须经法律认可,具有合法性;第二,能够给人们带来某种物质利益,具有经济价值;第三,能够为人类认识和控制。不可认识和控制之物,不能成为法律关系客体,如地球之外的天体。

想一想:

有人曾经成立月球公司向公众出售月球上的土地,后公司被工商行政管理部门注销,该公司不服起诉到法院,法院支持了工商行政管理部门的做法。 请同学们考虑月球上的土地能否成为法律关系的客体。

2. 行为结果

行为结果是指权利人为了实现某种利益,要求义务人实施一定的行为,义务人按权利人要求的行为数量和质量去行为,产生满足权利人利益要求的结果。这种结果分为两种:一种是物化结果,义务人的劳动凝结于一定的物体,产生一定的物化产品或建造物,如房屋、道路、轨道等。另一种是非物化结果,行为人的行为没有转化为物化实体,而只是表现为一定的行为过程。比如,权利人在义务人完成一定行为之后,得到了某种精神或物质享受,增长了知识和能力等。

3. 人身利益

作为法律关系客体的人身利益包括人格利益和身份利益。《宪法》第 38 条规定,中华人民共和国公民的人格尊严不受侵犯。禁止用任何方法对公民进行侮辱、诽谤和诬告陷害。《刑法》第 246 条对侮辱罪、诽谤罪的规定,就是要对侵犯公民人格这种客体的行为进行制裁。同时,法律保护公民、法人或其他组织特有的身份权,比如公司的注册商标受到法律的保护。随着现代科技和医学的发展,以人身的组成部分及其利益为交易对象的现象大量发生,如输血、植皮、器官移植等,同时也带来了一系列法律问题。人身在一定情况下可以作为法律关系的客体,但必须注意以下三点:① 人的整个身体不得被视为法律上的物。② 权利人对自己的人身不得进行违法或有伤风化的活动,不得滥用人身或自贱人身和人格,例如卖淫、自杀、自残等,无法得到法律认可。③ 对人身行使权利时,必须依法而为,不得超出法律规定的界限。例如,有监护权的父母不得虐待未成年子女的人身。

4. 精神产品

精神产品是人通过某种物体(如书本、竹简、砖石、磁盘)或大脑记载下来并加以流传的思维成果。精神产品不同于作为其载体的有体物,其价值和利益在于物中所承载的信息、知识、技术、标识(符号)及其他精神文化。精神产品主要包括知识产品和道德产品。

知识产品是主体从事智力活动,如科学研究、文学艺术创作、表演等活动所获得的非物质财富。如科学发明、技术成果、商标设计、学术著作、文学艺术产品等。它们是著作权、专利权、商品专用权等知识产权的客体。

道德产品是指主体在各种社会活动中所取得的物化或非物化的道德价值。如荣誉称号、奖状、奖章、奖品等。它们是荣誉权的客体。

需要注意的是,在具体的法律关系中,客体具有多样性。有时,即使在同一法律关系中也有可能存在两个或两个以上的客体。例如,买卖法律关系的客体不仅包括货物,还包括货款。在分析复合法律关系客体时,我们应当把这一法律关系分解成若干个单向法律关系,然后分别寻找它们的客体。

想一想:

西安某信息技术有限公司在其经营的自媒体账号"暴走漫画"通过"今日头条"平台发布短视频,在视频中将叶挺烈士生前创作的《囚歌》进行恶搞。该视频于《中华人民共和国英雄烈士保护法》(以下简称《英雄烈士保护法》)施行之际,即在网络平台上发布并传播,引起社会公众的关注及网民的评论,造成了恶劣社会影响。

试问,在这个案件中,法律关系的客体是什么?

三、法律关系内容

法律关系内容是指法律关系主体所享有的权利和承担的义务,即法律权利和法律义务。主体之间的法律关系直接表现为谁对谁享有何种权利,谁对谁承担何种义务。

（一）权利和义务的含义

权利和义务是包括多种要素、具有丰富内容的概念。权利可以理解为法律关系主体依法以相对自由的作为或不作为的方式获得利益的一种手段。义务是法律关系主体依法以相对被动地作为或不作为的方式保障权利主体获得利益的一种约束手段。

□ **知识链接**

历史上，学者们从不同要素或层面去理解权利和义务，形成了诸多的观点。

1. 可以把权利理解为资格

权利即实施行动的资格、占有的资格或享受的资格。 按照这种理解，权利意味着"可以"，义务意味着"不可以"。 一个人只有被赋予某种资格，具有权利主体的身份，才能够向别人提出作为与不作为的主张，也才有法律能力或权利不受他人干预地从事某种活动。

2. 可以把权利理解为具有正当性、合法性、可强制执行的主张

权利即以某种正当的、合法的理由要求对某物的占有，或要求返还某物，或要求承认某事实（行为）的法律效果。 按照这种理解，义务就是被主张的对象或内容，即义务主体适应权利主体要求的作为与不作为。

3. 可以把权利理解为自由

权利即受到法律保护但有一定限制的自由。 每一个真正的权利就是一种包括权利主体的意志自由和行动自由。 主体在行使权利时不受法律上的干涉，主体做或不做一定行为不受他人的左右。

4. 可以把权利理解为法律所承认和保障的利益

不管权利的具体客体是什么，上升到抽象概念，对权利主体来说，它总是一种利益或必须包含某种利益。 而义务则是负担或不利。

（二）权利分类

权利按不同的标准可做不同的分类,主要有以下三种。

1. 按权利所反映的法律关系的性质,分为政治权利、财产权利、人身权利

政治权利,又称参政权或参加政治的权利、民主权利,是人们参与政治活动的一切权利和自由的总称。在现代社会,公民的政治权利是由宪法、法律确认的,并受到宪法、法律的保护;

同时它又受国家的经济、政治、文化、教育科学技术等因素的制约和影响。比如选举权和被选举权,享有言论、集会、结社及游行示威等权利都属于政治权利。公民享有政治权利的广度及其实现程度如何,往往是衡量一个国家民主化程度的标志。

财产权利,是指以财产利益为内容,直接体现财产利益的民事权利。财产权是可以以金钱计算价值的,一般具有可让与性,受到侵害时需以财产方式予以救济。财产权包括以所有权为主的物权、债权、继承权以及知识产权等。在婚姻、劳动等法律关系中,也有与财物相联系的权利,如家庭成员间要求扶养费、抚养费、赡养费的权利等。财产权是一定社会的物质资料占有、支配、流通和分配关系的法律表现。

人身权利,又称非财产权利,是指不直接具有财产的内容,与主体人身不可分离的权利。人身权是我国公民和法人的人身关系在法律上的体现和反映。人身权是不直接具有财产内容的,不能以金钱来衡量其价值,一般不具有可让与性,受到侵害时主要需以非财产的方式予以救济。

2. 按义务人的范围,分为绝对权利与相对权利

绝对权利,又称绝对权、对世权,是指其效力及于一切人,即义务人为不特定的任何人的权利。它的义务人是不特定的任何人,即任何人均负有不妨害权利人实现其权利的义务。绝对权的主要特点在于,权利人可向任何人主张权利,权利人不需借助义务人的行为就可实现其权利。各种人格权、知识产权、继承权、所有权和其他物权等都属于绝对权。

相对权利,又称相对权、对人权,是指其效力及于特定人的权利,即义务人为特定人的权利。相对权的主体必须通过特定义务人的履行义务的行为才能实现其权利。债权就是一种相对权。

3. 按权利之间固有的主从关系,分为主权利与从权利

主权利是指在互有关联的两个以上的民事权利中,可以独立存在的民事权利。例如,抵押权的存在,是以债权的存在为前提的,因此,债权是主权利,抵押权是从权利。

从权利是指在互有关联的两个民事权利中,其效力受另一权利制约的权利。从权利随主权利的存在而存在。

想一想:

受教育是一种权利还是一种义务?

(三)义务的分类

1. 对世义务与对人义务

义务依对人们的效力范围不同而分为对世义务和对人义务。对世义务,也称为一般义务,

其特点是义务指向的是除自己之外的一切人。对世义务的内容通常不是积极的作为,而是消极的不作为。对世义务是一般人都承担的义务,如法律规定不得侵犯他人的自由。对人义务是相对对世义务而言,指义务指向的是特定的对象,而不是所有人都要履行相应的义务。如合同缔约人相互履行各自的合同义务。

2. 原有义务与补救义务

原有义务,是由法律直接规定的义务或由法律关系主体依法通过积极活动而设定的义务,其内容是不许侵害他人的权利。义务主体以自己的作为或不作为满足权利主体的合法主张。比如宪法中规定的不得侵犯他人住宅。补救义务是在原权利产生侵害时产生的权利,诉权、恢复合法权益的请求权便属于补救义务。

3. 个体义务、集体义务和国家义务

根据义务主体的不同,可以把义务分为个体义务、集体义务和国家义务。个体义务就是自然人依法承担的义务,包括对其他个体的义务、对集体的义务和对国家的义务。比如个人需要缴纳个人所得税就属于个体义务。集体义务就是社会团体、企事业组织、法人等集体所需要履行的各种义务。例如,公司需要遵守公司法的规定,负有不得抽逃资本的义务。国家义务就是国家依法承担的义务,保障公民的合法权益,为老人、病人或丧失劳动力的人提供物质帮助,对因为国家机关及其工作人员的侵犯而蒙受损失的公民给予赔偿的义务。

第三节　法律关系的产生、变更与消灭

引例

许绍芳由大儿子廖大志赡养,但由于大儿子和儿媳妇嫌弃她,许绍芳不愿意与大儿子一家共同生活,女儿廖晓玲知道以后,提出愿意赡养母亲。后来廖大志和廖晓玲达成协议,哥哥廖大志自愿把房屋转让给妹妹廖晓玲,但妹妹廖晓玲必须代为赡养母亲许绍芳。后来,房价上升,哥哥反悔,把妹妹告上了法庭。法院开庭审理了这起史无前例的赡养义务转让案,认定签订的协议有效,指出赡养老人的义务可以转让,房产不能返还。

试分析本案中存在哪些权利义务的变更。

分析

① 权利的变更:哥哥廖大志自愿把房屋转让给妹妹廖晓玲,哥哥对该房屋的所有权转给了妹妹;
② 义务的变更:哥哥把房屋转让给妹妹,妹妹廖晓玲必须代为赡养母亲许绍芳,在这个民事法律关系

中,哥哥赡养老人的义务转让给了妹妹。

一、法律关系产生、变更与消灭的条件

随着社会生活本身的不断变化,经常有某些法律关系在产生、变更或消灭。所谓法律关系的"产生"是指在主体之间形成了权利义务关系;法律关系的"变更"是指法律关系形成以后主体、内容或客体等要素的改变;法律关系的"消灭"是指法律关系主体间权利义务关系的终止。

法律关系的产生、变更和消灭不是随意的,必须具备一定的条件,其中最主要的条件有两个:其一是法律规范的存在,它是法律关系产生、变更或消灭的前提和法律依据。法律规范只是概括地、抽象地规定了人们在社会生活中的权利和义务,这种规定是假设性的,假设当一定事件或行为出现后,法律关系应处于何种状态。因此,法律规范的存在只为法律关系的产生、变更和消灭提供了前提条件。其二是法律事实的存在,它是法律规范中假定部分所规定的各种情况,一旦情况出现,就会发挥作用,从而产生、变更和消灭法律关系,因此,法律事实的出现是法律关系产生、变更和消灭的必要条件。

二、法律事实的概念和种类

(一) 法律事实的概念

法律事实是指由法律规定的,能够引起法律关系产生、变更和消灭的客观情况或现象。法律事实是具有法律意义的各类事实的总称,具有如下特点:

1. 法律事实是一种客观存在的外在现象,而不是人们的心理现象或心理活动

纯粹的心理现象不是法律事实,只有当法律事实以一种客观的方式表现出来的时候,才能够引起法律关系的变化。比如因为地震这个客观原因而不能按期完成交货,从而引起双方当事人决定改期交货或者撤销合同,使法律关系发生变更的是一种外在的客观事实。人们的心理现象或心理活动是很难被外人所知,也不能直接改变客观的法律关系。比如甲在心里千万遍地骂乙,但对乙没有任何损害,因此也不会引起法律关系的变化。

2. 法律事实是符合法律规定,能够产生法律后果的事实

在现实社会生活中存在着各种各样的事实,法律只对那些具有法律意义的事实才加以规定,也就是说,法律只对那些对于明确人们的权利、义务及其界限具有重要性,在决定应当如何评价和对待某种行为、利益和要求时,必须加以考虑的事实,才纳入法律规范的视野之内。至于哪些事实具有法律意义则受社会物质生活条件和社会事实的制约。

想一想：

中国古代规定了一种罪名叫"腹诽罪"，就是说在肚子里说了皇帝的坏话是一种犯罪，要受到严厉的惩罚。而近代民主国家普遍认为"思想无罪"。运用法理学的相关知识分析能不能给一个人的思想定罪。

（二）法律事实的种类

法律事实可以根据不同标准进行分类。本书主要介绍最基本的分类，即按照是否以权利主体的意志为转移可以把法律事实分为法律行为和法律事件。

1. 法律行为

法律行为是以法律关系主体的意志为转移引起法律后果的法律事实。作为能够引起法律关系产生、变更和消灭的根据的行为，必须是人们在一定意识或意志支配下表现于外部的行为，并且能够产生一定的法律后果。由于人们的意志有善意和恶意、合法与违法之分，因此法律行为也可分为善意行为和恶意行为、合法行为和违法行为。善意行为、合法行为能够引起法律关系的形成、变更和消灭。如依法订立买卖合同后，双方就受该合同的约束。同时，违法行为和恶意行为也能够引起法律关系的形成、变更和消灭。如犯罪行为产生刑事法律关系，也可能引起损害赔偿、继承等民事法律关系的产生和变更。

2. 法律事件

法律事件是指由法律规定的，不依法律关系主体的意志为转移而引起法律关系形成、变更或消灭的客观事实。法律事件的特点是它的出现与主体的意志无关，不是由权利主体的行为所引起的。法律事件分为两类，一是社会事件，一是自然事件。社会事件发生的原因来自社会，例如，新民主主义革命和社会主义革命，就属于社会事件，是产生新型的社会主义法律关系的基本事实。自然事件发生的原因来自自然，比如洪水或地震，既属于自然事件，也会引起某些法律关系的发生、变更和消灭。

■ 本章小结

本章主要介绍了法律关系的基本问题。法律关系是法律中一个重要的理论知识，所谓法律关系就是法律规范在调整社会关系的过程中形成的人与人之间的权利与义务关系，主要由法律关系的主体、客体和内容三要素构成。法律事实是能够引起法律关系产生、变更和消灭的客观情况或现象，按照是否以人的意志为转移分为行为和法律事件。

一、单项选择题

1. 法律关系的构成要素是指（　　　）。

    A. 主体和客体　　　　　　　　　B. 权利和义务

    C. 主体、客体和内容　　　　　　D. 主体、权利和义务

2. 由法律确认的法律关系主体能够通过自己的行为取得权利、承担义务的能力或资格，称为（　　　）。

    A. 法律关系内容　　　　　　　　B. 法律事实

    C. 权利能力　　　　　　　　　　D. 行为能力

3. 能够参与一定的法律关系，依法享有权利或承担义务的能力或资格，称为（　　　）。

    A. 行为能力　　　　　　　　　　B. 权利能力

    C. 法律事实　　　　　　　　　　D. 法律关系客体

4. 法律关系主体的权利和义务所指向的对象，称为（　　　）。

    A. 法律事实　　　　　　　　　　B. 法律关系客体

    C. 法律关系内容　　　　　　　　D. 法律关系主体

5. 不满 8 周岁的未成年人以及不能辨认自己行为的成年人，按照《民法典》的规定，称为（　　　）。

    A. 限制行为能力人　　　　　　　B. 无民事行为能力人

    C. 有行为能力人　　　　　　　　D. 法人

二、多项选择题

1. 法律关系的主体包括（　　　　）。

    A. 自然人　　　　　　　　　　　B. 法人

    C. 组织　　　　　　　　　　　　D. 国家

2. 法律关系的客体包括（　　　　）。

    A. 物　　　　　　　　　　　　　B. 行为

    C. 人身利益　　　　　　　　　　D. 精神产品

3. 2020 年 3 月 31 日，全国首例销售伪劣口罩民事公益诉讼案开庭，杭州互联网法院当庭判决：支持检察机关的全部诉讼请求，判令被告共同支付侵害社会公共利益的损害赔偿款 22.92 万元；被告蔡某支付侵害社会公共利益的损害赔偿款 59.43 万元；被告蔡某、姚某向社会公众刊发警示公告、赔礼道歉声明，并召回所销售的已流入市场且尚存的伪劣口罩。结合该案分析，以下说法正确的有（　　　　）。

A. 在该案件中，法律关系的主体是被告蔡某、姚某

B. 在该案件中，法律关系的客体是销售伪劣口罩的行为

C. 案件的审理，为疫情防控取得重大战略成果、维护公共卫生安全、稳定经济社会秩序、助力推进复工复产提供了有力司法服务和保障

D. 在该案件中，被告人蔡某有遵守诚实信用原则的义务，在疫情期间，销售伪劣口罩，严重危害了公共卫生安全

4. 在小刘给女主播打赏 158 万元的案件中，关于法律关系的说法正确的有（　　　　）。

A. 小刘虽然未满 18 岁，但他帮家里开设的蔬菜批发摊位负责收钱，有一定的经济来源，也是有独立的行为能力人

B. 小刘未满 18 岁，且没有独立的生活来演，不算是具有独立的行为能力人

C. 小刘不是独立的行为能力人，直播平台需要返还 158 万打赏费

D. 小刘有独立的行为能力，直播平台不需要返还 158 万元打赏费

三、判断题

（　　　）1. 法律关系由主体、客体和内容三个要素组成。

（　　　）2. 法律关系客体的典型形态主要有物、行为、人身利益和精神产品。

（　　　）3. 公民和法人如要能够成为法律关系的主体，享有权利和承担义务，就必须要具有民事能力和刑事能力。

四、名词解释

1. 法律关系客体

2. 行为能力

五、简答题

1. 我们对于行为能力的不同种类使用什么标准来确立？

2. 请简述法律关系的特征。

六、实践训练题

李某在自家小区花园散步，经过黄某楼下时，黄某孩子（6 岁）在房屋阳台从 30 楼抛下一瓶矿泉水，水瓶掉落在李某身旁，导致其惊吓、摔倒，随后被送到医院救治。次日，李某亲属查看监控，确认上述事实后，找到黄某，双方签订确认书，确认矿泉水系黄某孩子从阳台扔下。经过鉴定，李某构成十级伤残。人民法院经过审理，判决黄某向李某赔偿医疗费、护理费、交通费、住院伙食补助费、残疾赔偿金、鉴定费合计 8.3 万元，精神损害慰问金 1 万元。

试结合本章内容分析此案件中法律关系的主体、客体和内容分别是什么。

第七章 法的创制

学习目标

　　知识目标：了解法的创制和立法体制的概念、立法程序的基本步骤；掌握立法的基本原则、我国立法权限划分的基本内容。

　　能力目标：能理解法的创制对建设法治国家的重要性；能运用立法权限的基本知识分析相关案例。

第一节　法的创制概述

引例

　　2020 年 5 月 28 日，第十三届全国人大三次会议表决通过了《中华人民共和国民法典》，自 2021 年 1 月 1 日起施行。《婚姻法》《继承法》《民法通则》《收养法》《担保法》《合同法》《物权法》《侵权责任法》《民法总则》同时废止。

　　编纂《民法典》，是一项系统的、重大的立法工程，受到社会各界高度关注。在《民法典》编纂过程中，立法机关严格遵循科学立法、民主立法、依法立法原则，广泛听取和尊重各方面的意见，10 次公开征求意见，累计收到 42.5 万人提出的 102 万条意见和建议，让立法最大范围凝聚社会共识、吸纳各方智慧。

　　《民法典》共 7 编、1 260 条，各编依次为总则、物权、合同、人格权、婚姻家庭、继承、侵权责任，以及附则。通篇贯穿以人民为中心的发展思想，着眼满足人民对美好生活的需要，对公民的人身权、财产权、人格权等做出明确翔实的规定，并规定侵权责任，明确权利受到削弱、减损、侵害时的请求权和救济权等，体现了对人民权利的充分保障，被誉为"新时代人民权利的宣言书"。

　　请结合法的创制内容，分析《民法典》的创制经过了哪些程序。

分析

　　结合法律案的提出、审议、表决和公布四个过程进行分析。

一、法的创制的概念和特征

（一）法的创制的概念

法的创制,简称立法,是一定的国家机关依照法定的职权和程序制定、认可、修改和废止法律规范的活动。

根据《立法法》的规定,立法有广义和狭义两种理解:广义的立法泛指一切有权的国家机关依法制定各种规范性法律文件的活动,既包括国家最高权力机关及其常设机关制定法律的活动,也包括有权的地方权力机关制定规范性法律文件的活动,还包括国务院及其部门和有权的地方行政机关制定行政法规和部门规章等规范性法律文件的活动。狭义的立法仅指享有国家立法权的国家机关的立法活动,即国家的最高权力机关及其常设机关依法制定、修改和废止法律的活动,具体到我国即全国人民代表大会及其常务委员会依法制定、修改和废止法律的活动。

□ **知识链接**

1954 年 9 月 20 日，第一届全国人民代表大会第一次会议通过、颁布《中华人民共和国宪法》。这是中国第一部社会主义宪法。它以中华人民共和国成立前夕颁布的《共同纲领》为基础，是《共同纲领》的发展。《宪法》除序言外，分总纲、国家机构、公民的基本权利和义务以及国旗、国徽、首都，共 4 章 106 条。

（二）法的创制的特征

1. 法的创制是由特定主体以国家的名义进行的活动

法的创制是国家履行立法职能的活动,与国家权力紧密相连,只能由代表国家行使权力的国家机关或特定主体(如全民公投中有投票权的公民)来进行,其他任何社会组织、团体和个人非经授权都不能代表国家行使立法权。但是,并非任何国家机关都可以进行法的创制,而是享有法的创制权限的国家机关才可以进行。这种权限通常由一国的宪法和其他有关法律所规定。如《宪法》和 2000 年 3 月 15 日通过的《立法法》,就明确规定了我国有权进行立法的权力机关、行政机关及军事机关等。

2. 法的创制是国家机关的法定职权活动,是宪法和法律规定的专门国家机关的职权活动

法的创制是享有立法权的国家机关依据宪法和法律所规定的立法职权进行的立法活动,立法既是有关国家机关的权利,也是其义务。宪法和法律明确规定了立法的范围和相应的权限,国家立法机关在进行立法活动时,应当在法律规定的立法权限内、就法定的事项进行立法。

立法主体既不能超越职权、滥用职权,也不能消极地对待手中的立法职权。

想一想:
你熟知哪些法,它们分别是由哪些国家机关创制的?

3. 法的创制是依照法定程序所进行的活动

法的创制必须按照宪法和法律规定的程序进行,享有立法权的国家机关必须严格按照法定程序或步骤立法,被合法授权的机关也必须在法定的范围内严格按照法定程序或步骤立法。

4. 法的创制是制定、修改、认可、废止、解释法律规范的活动

法的创制包括制定新的法律规范的活动、对法律规范的内容进行修改的活动、对已有的行为规范(判例、习惯、法理、道德等)从法律上加以认可。此外,法的创制也包括废止法律规范的活动。法律解释就是对法律条文所表达的内容、含义以及所使用的概念、术语等的理解和说明。在实践中,以上几种法的创制的基本活动,在法的创制过程中可能是单独出现的,也有可能是同时出现的。

二、法的创制的三种基本形式

法的创制就其活动内容来说,包括制定、修改、认可、废止、解释法律规范。本节主要探讨制定、认可和解释三种基本形式。

(一) 制定法律规范

制定法律规范指国家机关根据社会需要,运用立法技术,为人们的社会活动创造出行为规范。这种被创造出来的规范,一般都表现在国家制定的规范性法律文件之中。

(二) 认可法律规范

认可法律规范指国家机关根据社会需要,将社会中已存在的一些行为规范认可为法律规范。这里又有两种情况:一是事实上赋予某种规范以法律上的效力,即在法律适用活动中或国家的其他活动中,遵循社会中已存在的某种习惯和惯例,使这些习惯和惯例在事实上进入了法律规范体系。二是在国家的法律文件中明确认可某些规范具有法律上的效力。如某些政教合一的国家宣布某种宗教为国教,宗教教规具有法律效力,此时宗教规范上升为法律规范。

(三) 解释法律规范

根据解释主体的不同,可以将解释法律规范的主体分为正式解释和非正式解释。正式解释又称法定解释、有权解释,是指被授权的国家机关在职权范围内对法律文本所做出的具有法律效力的解释,主要包括立法解释。非正式解释也称非法定解释,是指未经授权的国家机关、

社会组织或公民个人对法律规范做出的没有法律效力的解释。本节主要讨论的是正式解释。

立法解释,是指制定法律的机关对其制定的法律规范进行解释。例如,2014年第十二届全国人民代表大会常务委员会第八次会议通过关于《中华人民共和国刑法》第二百六十六条的解释,以欺诈、伪造证明材料或者其他手段骗取养老、医疗、工伤、失业、生育等社会保险金或者其他社会保障待遇的,属于《刑法》第二百六十六条规定的诈骗公私财物的行为。

三、法的创制的原则

法的创制原则,也称立法原则,是指在立法活动中所要遵循的主要准则。法的创制原则是立法行为操作准则,既具有一定的概括性、标准性,又具有一定的操作性。由于立法指导思想是由本国的国情,特别是国家的根本任务来确定的。因此,不同国家、不同类型、不同时期的法律也有不同的创制原则。奴隶制、封建制和资本主义法律具有各自不同的创制原则。

新时代中国特色社会主义中国法的创制原则,主要包括法治原则、民主原则和科学原则。

(一)立法的法治原则

1. 立法应当依照法定的权限进行

我国宪法、立法法、民族区域自治法、地方各级人民代表大会以及地方各级人民政府组织法等法律法规确定了我国现阶段九大立法主体:全国人民代表大会及其常务委员会;国务院;国务院各部委、直属机构;省、自治区、直辖市人大及其常务委员会;省、自治区、直辖市人民政府;较大的市人大及其常务委员会;较大的市人民政府;民族自治地方的人民代表大会;特别行政区的立法机构。不仅如此,不同立法主体立法行使的权限也由法律法规明确规定下来,各立法主体在自己的权限范围内行使职权,不得超越职权或怠于行使自己的职权。

2. 立法应当依照法律规定的程序进行

《立法法》规定了法律制定的基本程序,包括法律案的提出、法律案的审议、法律案的表决、法律案的公布等四个环节。任何一部法律的出台都必须经过这四个环节。除《立法法》规定了法律的制定程序以外,其他有关法律法规也规定各种不同法律规范性文件的出台的基本程序,如国务院出台的《行政法规制定程序条例》《规章制定程序条例》等,对行政立法程序做出了具体的规定,各立法主体在制定这些规范性文件时须遵守法律法规规定的程序。

3. 立法应从国家整体利益出发,维护社会主义法制的统一

法制统一原则是现代社会法治国家共同提倡和遵守的一项重要原则。所谓法制统一原则,首先是合宪性原则。就是说,一切包括法律、法规在内的规范性法律文件以及非规范性法律文件的制定,必须符合宪法的规定或者不违背宪法的规定。凡是违背宪法者,不能具有法律效力。其次,在所有法律渊源中,下位法的制定必须有宪法或上位法作为依据,下位法不得同上位法相抵触,凡是下位法违背上位法的均属违法立法,该下位法不能具有法律效力。最后,

不论是中央立法还是地方立法,各个法律部门之间的规范性法律文件不得冲突、抵触或重复,应该相互协调和补充。

(二) 立法的民主原则

立法的民主原则包括三方面含义:

1. 立法主体具有广泛性

人民是立法的主人,立法权在根本上属于人民,由人民行使。立法主体呈多元化,建立中央与地方、权力机关与政府机关合理的立法权限划分体制和监督体制。

2. 立法内容具有民主性,以维护人民的利益为宗旨,确认和保障人民的权利

在立法过程中,保障人民权益,维护社会稳定。为了打击恶意欠薪行为,全国人大常委会通过了《刑法修正案(八)》,设立了"拒不支付劳动报酬罪",加大对恶意欠薪行为的威慑,保障劳动者的根本利益(图7-1)。

3. 立法活动过程和立法程序具有民主性,在立法过程中贯彻群众路线

坚持立法的民主原则,首先是实现人民主权所必需。中国是人民主权的国家,人民

图7-1 欠薪入刑

是国家的主人、民主的主体,立法应坚持民主原则。其次也是反映人民意志和客观规律所必需。人民成为立法的主人,最有实践经验的人民群众参与立法,便能有效地反映人民的呼声和遵循客观规律的要求。

(三) 立法的科学原则

立法的科学原则问题,也就是立法的科学化、现代化问题。

现代立法应是科学活动。坚持立法的科学原则,有助于产生建设现代法治国家所需要的高质量的良法,有益于尊重立法规律、克服立法中的主观随意性和盲目性,也有利于避免或减少错误和失误,降低成本,提高立法效益。

坚持立法的科学原则,第一,需要实现立法观念的科学化、现代化。要把立法当成是科学对待。要产生足够数量的具体的科学的立法观念。第二,需要建立科学的立法制度。科学的立法制度包括科学的立法权限划分体制、立法主体设置体制、立法运作体制。第三,需要科学的解决方法和技术方法。

想一想:
我国的法律是如何体现法治、民主、科学原则的?

第二节 立法体制

2013 年 11 月 12 日中共十八届三中全会全体会议通过《中共中央关于全面深化改革若干重大问题的决定》,决定提出,废止劳动教养制度。该会议提出废止劳动教养制度,完善对违法犯罪行为的惩治和矫正法律,健全社区矫正制度。劳动教养制度依据是 1982 年 1 月 21 日国务院转发、公安部发布的政府文件《劳动教养试行办法》。

2019 年 12 月 28 日第十三届全国人民代表大会常务委员会第十五次会议通过《中华人民共和国社区矫正法》。

试问:为何要废止劳动教养制度?

可以从立法的权限进行分析。

一、立法体制的概念

立法体制是关于立法权、立法权运行和立法权主体诸方面的体系和制度所构成的有机整体。其核心是有关立法权限的体系和制度。

立法体制由三要素构成。一是立法权限的体系和制度,包括立法权的归属、立法权的性质、立法权的种类和构成、立法权的范围、立法权的限制、各种立法权之间的关系、立法权在国家权力体系中的地位和作用、立法权与其他国家权力的关系等方面的体系和制度。二是立法权的运行体系和制度,包括立法权的运行原则、运行过程、运行方式等方面的体系和制度。三是立法权的主体体系和制度,包括行使立法权的立法主体或机构的设立、组织原则、活动形式、活动程序等方面的体系和制度。

二、我国的立法体制

我国是统一的、单一制的国家,各地方经济、社会发展不平衡。与这一国情相适应,在最高国家权力机关集中行使立法权的前提下,为了使我们的法律既能通行全国,又能适应各地方不同情况的需要,在实践中能行得通,《立法法》根据宪法确定的“在中央的统一领导下,充分发挥地方的主动性、积极性"的原则,确立了我国的统一而又分层次的立法体制。

(一)全国人大及其常务委员会行使国家立法权

根据宪法,全国人民代表大会负责修改宪法。修宪权是最高的立法权,只能由全国人民代表大会行使;全国人大还行使制定和修改刑事、民事、国家机构的和其他基本法律的职权。全国人大常委会制定和修改除应当由全国人大制定的法律以外的其他法律;在全国人大闭会期间,对全国人大制定的法律进行部分补充和修改,但不得同该法律的基本原则相抵触。

(1)全国人民代表大会审议法律案的程序。一是在会议举行前一个月将法律草案发给代表;二是在大会全体会议上听取提案人做关于法律草案的说明;三是各代表团全体会议或小组会议对法律草案进行审议;四是宪法和法律委员会根据各代表团的审议意见,对法律案进行统一审议。

(2)全国人大常委会审议法律案的基本程序。一是在常委会会议举行的7日前将法律草案发给常委会组成人员;二是在常委会全体会议上听取提案人做关于法律草案的说明;三是常委会分组会议对法律草案进行审议,在此基础上,必要时可以召开联组会议进行审议;四是有关专门委员会对法律草案进行审议,提出审议意见,然后由宪法和法律委员会统一审议。

□ **知识链接**

《立法法》第八条规定:下列事项只能制定法律:

(1)国家主权的事项;

(2)各级人民代表大会、人民政府、人民法院和人民检察院的产生、组织和职权;

(3)民族区域自治制度、特别行政区制度、基层群众自治制度;

(4)犯罪和刑罚;

(5)对公民政治权利的剥夺、限制人身自由的强制措施和处罚;

(6)税种的设立、税率的确定和税收征收管理等税收基本制度;

(7)对非国有财产的征收、征用;

(8)民事基本制度;

(9)基本经济制度以及财政、海关、金融和外贸的基本制度;

(10)诉讼和仲裁制度;

(11)必须由全国人民代表大会及其常务委员会制定法律的其他事项。

(二)国务院即中央人民政府制定行政法规

国务院是我国最高行政机关,国务院有权根据宪法和法律,制定行政法规,包括依职权制定行政法规或者是根据全国人大及其常务委员会的授权制定某些具有法律效力的行政法规。

比如,国务院于 2021 年 5 月 14 日公布修订后的《中华人民共和国民办教育促进法实施条例》,自 2021 年 9 月 1 日起施行。

（三）地方人大及其常委会制定地方性法规

一是,省、自治区、直辖市的人大及其常委会根据本行政区域的具体情况和实际需要,在不同宪法、法律、行政法规相抵触的前提下,可以制定地方性法规。

二是,设区的市、自治州的人大及其常委会根据本市、州的具体情况和实际需要,在不同宪法、法律、行政法规和本省、自治区的地方性法规相抵触的前提下,可以对城乡建设与管理、环境保护、历史文化保护等方面的事项制定地方性法规,报省、自治区的人大常委会批准后施行。2015 年修改《立法法》,赋予所有设区的市享有地方立法权,该立法权主体扩大到 289 个;30 个自治州以及广东省东莞市和中山市、甘肃省嘉峪关市、海南省三沙市 4 个不设区的地级市也享有地方立法权。

（四）自治区、自治州、自治县的人大制定自治条例和单行条例

自治区、自治州、自治县的人大有权依照当地民族的政治、经济和文化的特点,制定自治条例和单行条例。

自治区的自治条例和单行条例,报全国人民代表大会常务委员会批准后生效。自治州、自治县的自治条例和单行条例,报省、自治区、直辖市的人民代表大会常务委员会批准后生效。

自治条例是指由民族自治地方的人民代表大会制定的、有关本地方实行区域自治的组织和活动原则、自治机关的构成和职权等内容的综合性的规范性文件。比如云南省玉龙纳西族自治县第十三届人民代表大会第三次会议通过、云南省第十届人民代表大会常务委员会第十六次会议批准的《云南省玉龙纳西族自治县自治条例》。

单行条例是指民族自治地方的人民代表大会在自治权的范围内,根据当地民族的政治、经济和文化特点,制定的关于某一方面具体事项的规范性文件。比如经玉屏侗族自治县第六届人民代表大会第四次会议通过,由贵州省第十届人民代表大会常务委员会第二十三次会议批准的《玉屏侗族自治县乡村公路条例》。

自治条例和单行条例可以依照当地民族的特点,对法律和行政法规的规定做出变通规定,但不得违背法律或者行政法规的基本原则,不得对宪法和民族区域自治法的规定以及其他有关法律、行政法规专门就民族自治地方所做的规定做出变通。

（五）行政机关制定规章

国务院各部、委员会、中国人民银行、审计署和具有行政管理职能的直属机构,可以根据法律和国务院的行政法规、决定、命令,在本部门的权限范围内,制定规章。比如,2020 年 9 月 23 日教育部第 3 次部务会议审议通过《中小学教育惩戒规则（试行）》,自 2021 年 3 月 1 日起施行。

省、自治区、直辖市和设区的市、自治州的人民政府,可以根据法律、行政法规和本省、自治区、直辖市的地方性法规,制定规章。

2015年修改《立法法》,对规章的权限做了进一步规范:没有法律或者国务院的行政法规、决定、命令依据,部门规章不得设定减损公民、法人和其他组织权利或者增加其义务的规范,不得增加本部门的权力、减少本部门的法定职责。制定地方政府规章,没有法律、行政法规、地方性法规依据,不得设定减损公民、法人和其他组织权利或者增加其义务的规范。

（六）其他

《立法法》还对军事法规、军事规章做了规定。

扫码观看

立法程序

第三节　立法程序

引例

宪法修正案中一个逗号的修改

2004年3月14日,经第十届全国人大二次会议最后表决通过的《中华人民共和国宪法修正案》,其中涉及对土地和私有财产征收、征用及补偿问题的条文中有一个逗号可能引起理解上的歧义,为此大会主席团向代表们提交了长达450字的解释和说明,经过几次反复研究之后,提交大会表决的法律条文中删除了这个逗号。

试问:为什么宪法中一个逗号的修改都要经过这么严格的程序呢?

分析

宪法在内容上所具有的国家根本法的这一特点,决定了它的法律地位高于普通法,具有最高法律权威和最高法律效力,故其修改的程序要比其他法律严格。

一、立法程序概述

立法程序是指按照宪法和法律规定具有立法权的国家机关创制、认可、修改和废止法律和规范性法律文件的程序或步骤。立法程序有狭义和广义之分。狭义的立法程序,仅指国家最高权力机关创制、认可、修改和废止法律的程序;广义的立法程序,则包括一切具有立法权的国家机关创制、认可、修改或废止任何规范性法律文件的活动程序。

立法体制主要解决什么国家机关有权立法的问题,立法程序则主要解决有立法权的国家机关按照宪法和法律规定的程序立法的问题。也就是说,没有权不能立法,有了权也不能乱立法。任何国家机关都必须按照宪法和法律规定的权限和程序来进行立法,这是社会主义法治的最基本的要求。本节主要介绍我国最高权力机关全国人民代表大会的立法程序。

二、全国人民代表大会的立法程序

根据《宪法》《立法法》等法律的规定,全国人大的立法程序包括以下内容:

(一) 法律案的提出

法律案的提出,是指有立法提案权的机关或个人向立法机关提出关于制定、修改、废止某项法律的立法议案。这是立法程序的第一阶段。在全国人民代表大会举行期间,由有立法提案权的国家组织或个人向全国人大提出法律案。

(1) 有权向全国人大提出宪法修正案的组织和人员包括:全国人大常委会;1/5 以上的全国人大代表。

(2) 有权向全国人大提出法律案的组织和人员分为三种情形:第一种情形是全国人大主席团。提出的法律案直接由全国人大会议审议。第二种情形是全国人大常委会,国务院、中央军委,最高人民法院,最高人民检察院、全国人大各专门委员会提出的法律案由主席团决定列入会议议程。第三种情形是一个代表团或 30 名以上的全国人大代表,其提出的法律案由主席团决定是否列入会议议程,也可以先交有关的专门委员会审议、提出是否列入会议议程的意见,再决定是否列入会议议程。

(3) 有权向全国人大常委会提出法律案的主体有:委员长会议、国务院、中央军委、最高人民法院、最高人民检察院、全国人大各专门委员会,以及常委会组成人员十人以上联名。

(二) 法律案的审议

法律案的审议是指全国人大对已经列入议程的法律案正式进行审查和讨论。这是立法程序的第二阶段。审议法律案的任务是保证立法质量、体现立法民主,使法律更加完善和成熟,所以是立法程序必不可少的重要环节。

根据《立法法》的规定,全国人大对列入议程的法律案,其审议的方式或过程主要包括:第一,由大会全体会议听取提案人的说明后交由各代表团进行审议。第二,由有关的专门委员会对法律案进行审议,向主席团提出审议意见并印发会议。第三,由法律委员会根据各代表团和有关的专门委员会的审议意见,对法律案进行统一审议并向主席团提出审议结果报告和草案修改稿。经主席团会议审议通过后印发会议。第四,法律草案修改稿再交各代表团审议,后者可提出审议意见。

（三）法律案的撤回、中止与表决

　　法律案的撤回，是指提案人因各种原因,向全国人民代表大会会议申请撤回法律案而不交付表决。按规定,提案人在法律案交付表决前,可以要求撤回,但应说明理由,并经主席团同意,由后者向大会报告,此时对该法律案的审议即行终止。

　　法律案的中止,是指法律案在审议中有重大问题需要进一步研究,暂时不将法律案交付表决。暂不交付表决由主席团提出并由大会全体会议决定。

　　法律案的表决,是指由主席团将经审议修改的法律案提请大会全体会议进行表决,以决定法律案是否获得通过。按规定,由法律委员会制作的法律草案修改稿经各代表团审议后,再由法律委员会根据各代表团的审议意见进行修改,提出法律草案表决稿,由主席团提请大会全体会议表决,由全体代表的过半数通过,但宪法和宪法修正案须经全体代表2/3 赞成方为通过(见图 7-2)。

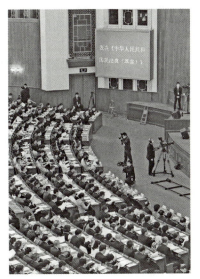

图 7-2　全国人民代表大会审议表决《中华人民共和国民法典(草案)》

（四）法律的公布

　　法律的公布是指全国人大将获得通过的法律用法定的形式公之于众。这是立法程序的最后一个阶段。只有经过这一阶段,获得通过的法律才能正式生效,凡是未经公布的,都不能发生法律效力。这是因为未经正式公布的"法律",不为人们所知晓,因而不可能被国家机关及其工作人员正确地贯彻执行并接受监督,也不可能得到人们的普遍遵守。

　　《宪法》第 80 条规定,中华人民共和国主席根据全国人民代表大会的决定和全国人民代表大会常务委员会的决定,公布法律。《中华人民共和国全国人民代表大会常务委员会公报》为公布法律的法定书面形式。法律一旦正式公布,其他新闻媒体可以转载。

■ 本章小结

　　法是通过有权机关按照法定程序代表国家创制出来的。 法的创制的形式有制定、修改、认可、废止、解释。 我国的法的创制体制具有统一而又分层次的特点,主要包括:全国人大及其常务委员会行使国家立法权;国务院即中央人民政府制定行政法规;地方人大及其常委会制定地方性法规;自治区、自治州、自治县的人大制定自治条例和单行条例;行政机关制定规章等。 我国的立法程序依次为: 法律案的提出,法律案的审议,法律案的撤回、中止与表决,法律的公布。

■ 思考与练习

一、 单项选择题

1. 全国人大及其常务委员会行使（　　）权，全国人大制定和修改刑事、民事、国家机构和其他的基本法律。

   A. 司法权　　　　　　　　　　B. 行政权

   C. 审判权　　　　　　　　　　D. 立法权

2. 国务院即中央人民政府根据宪法和法律，有权制定（　　）。

   A. 宪法　　　　　　　　　　　B. 部门规章

   C. 行政法规　　　　　　　　　D. 法律

3. 十二届全国人大常委会通过对刑法的解释，明确以欺诈、伪造证明材料或者其他手段骗取养老、医疗、工伤、失业、生育等社会保险或者其他社会保障待遇的，属于刑法第266条规定的诈骗公私财物的行为。 此次全国人大常委会的行为属于（　　）。

   A. 制定法律规范　　　　　　　B. 认可法律规范

   C. 解释法律规范　　　　　　　D. 废止法律规范

4. 在疫情防控的关键时期，2020年2月11日，广东省人大常委会专门召开会议，审议通过《广东省人民代表大会常务委员会关于依法防控新型冠状病毒肺炎疫情切实保障人民群众生命健康安全的决定》，该决定属于（　　）性质的法律规范。

   A. 法律　　　　　　　　　　　B. 行政法规

   C. 国务院部门规章　　　　　　D. 地方政府规章

二、多项选择题

1. 狭义的立法程序，仅指国家最高权力机关（　　）法律的程序。

   A. 创制　　　　　　　　　　B. 认可

   C. 修改　　　　　　　　　　D. 废止

2. 我国的立法程序可以划分为以下（　　）阶段。

   A. 提出　　　　　　　　　　B. 审议

   C. 撤回、终止与表决　　　　D. 公布

3. 下列国家机关可以制定部门规章的有（　　）。

   A. 教育部　　　　　　　　　B. 外交部

   C. 中国人民银行　　　　　　D. 审计署

4. 下列法律规范属于我国的立法体制内容的有（　　）。

   A. 全国人大制定的《中华人民共和国刑事诉讼法》

   B. 国家食品药品监督管理总局（现称国家市场监督管理总局）发布的《网络餐饮服务食品安全监督管理办法》

   C. 深圳市人民代表大会常务委员会通过的《深圳经济特区控制吸烟条例》

   D. 公司制定的公司章程

三、判断题

（　　）1. 广义的立法仅指享有国家立法权的国家机关的立法活动。

（　　）2. 立法体制主要解决哪些国家机关有权立法的问题，立法程序则主要解决有立法权的国家机关按照宪法和法律规定的程序立法的问题。

（　　）3. 宪法和宪法修正案须经全体代表 2/3 赞成方为通过。

四、名词解释

1. 法的创制

2. 立法程序

五、简答题

1. 法的创制的原则有哪些？

2. 法的创制有哪些特征？

六、实践训练题

2017 年，全国人大常委会对《中华人民共和国民事诉讼法》进行修改，这是较大的一次法律修改，请同学们通过网络搜集资料，查看近 5 年全国人大和人大常委会制定或者修改了哪些法律。组织一次讨论会，讨论为何要制定或者修改这些法律。

第八章 法的实施与监督

学习目标

知识目标：了解守法、执法、司法的概念及具体要求；了解我国当代法律监督体系；熟悉法律责任的种类；理解法律监督的重要意义。

能力目标：能运用执法、司法的具体要求分析社会现象；能结合守法的基本要求，树立遵纪守法的法治观念。

第一节 法的实施

引例

鸿基米兰开发公司因建设工程施工合同纠纷被黑龙江高院裁定查封名下 268 套房产，为阻却法院对查封房屋的执行，鸿基米兰开发公司幕后组织部分购房者向黑龙江高院提出执行异议。在全部 128 件执行异议之诉案件中，有 63 件所谓"购房者"系基于虚假事实并冒用他人名义提起。2020 年 12 月，最高法院、黑龙江高院对该批 63 件案件合计罚款 6 300 万元。

试问：结合本案分析，法的实施会受到什么因素的影响？

分析

法的实施受到守法者素质、执法机关执法力度等因素的影响和制约。

一、法的实施的概念

法的实施，是指法律在社会实际生活中的具体运用和实现。它主要包括两个方面：首先是一切国家机关、社会组织和个人，即所有行为受法律调整的个人和组织，都要遵守法律；其次是国家执法机关、司法机关及其公职人员严格执行法律、运用法律,保证法律的实现。由此法的实施方式可以分为三种:守法、执法、司法。

法律制定出来后关键在于实施。法律不能得到很好的实施,不仅影响法律的效力,更损害法律的权威。考察一个国家的法治不应仅仅看它规定了什么,更重要的还应看这些规定在实际生活中实现得怎么样。如果法的规定不能在人们及其组织的活动中实现,那就是一纸空文,不会带来现实意义,也无法实现法的价值,更违背了立法的目的。仅仅承认公民在宪法中的基本权利是不够的,还必须通过法的实施使公民真正享受这些权利。

议一议:
试判断以下行为属于法的何种实施方式?
1. 公民甲自开了一家餐饮店,他每月按时缴纳税款。
2. 公民乙盗窃他人财物,被法院判处 1 年的有期徒刑。
3. 公民丙销售伪劣的洗发水,被公安局进行查封扣押,并被罚款 2 000 元。

二、守法

守法,又称法的遵守,是指公民、社会组织和国家机关以法律作为自己的行为准则,依照法律行使权利、履行义务的活动。在这里,守法不仅仅要求我们在生活中不违法、不做法律所禁止的事情,还包括根据法律规范积极主动地去行使自己的权利。

守法是法的实施的基本要求,也是法的实施的最基本最普遍的形式。立法者制定法律的目的,就是要运用法律对社会进行调整,维护一定的社会关系和社会秩序。

对于守法,我们可以从三个方面去认识,即守法的主体、守法的范围和守法的基本要求。

(一) 守法的主体

守法的主体,即要求谁来守法。在中国古代,君主是法律的制定者,本身不受法律约束,虽然也有"王子犯法与庶民同罪"之说,但在现实中却很难实现。《管子·任法》中讲:"有生法,有守法,有法于法。夫生法者,君也;守法者,臣也;法于法者,民也。"这段话的大意是:君主创制法,官员执行法,老百姓遵守法。在中世纪欧洲,专制统治者在形式上也被要求遵守法律,是守法的主体,即所谓"国王在万人之上,却在上帝和法律之下"。

议一议:

有人说,在封建社会,国王就是法律,而在现代民主社会,法律就是国王。请同学们一起讨论现代社会守法的主体主要有哪些,政府官员是否需要遵守法律。

《宪法》明确规定,一切国家机关和武装力量、各政党和各社会团体、各企业事业组织都必须遵守宪法和法律。一切违反宪法和法律的行为,必须予以追究。任何组织或者个人都不得有超越宪法和法律的特权。

在这里要特别强调的是国家机关及其工作人员要带头守法。国家机关的性质及其在国家生活中所占的重要地位,要求国家机关及其工作人员必须时时处处自觉维护法制的尊严和权威,带头遵守和执行法律,严格依法办事。

（二）守法的范围

守法的范围是指我们要遵守哪些法。这里的法是广泛含义上理解的法,包括宪法、法律、行政法规、部门规章、地方性法规、民族自治地方自治条例和单行条例、特别行政区的法律以及我国参加或同外国缔结的国际条约和我国承认的国际惯例等。此外,执法机关、司法机关所制定的法律文件,如人民法院的判决书等,对有关组织和个人也具有法律效力,守法主体也应当遵守这类法律文件。

（三）守法的基本要求

1. 具有良好的法律意识

法律意识包括对法律的态度、知识、思想等,人的行为总是在一定意识指导下的行为,因此守法的心理前提是法律关系主体应知法懂法、尊重法律,具有良好的法律意识。在思想认识上知道去遵守何种行为规范,在心理态度上积极主动地去遵守这种行为规范,这是守法的前提要求。要使全社会做到这一点,普及法律知识、倡导法治精神是必须要做的工作。

2. 按照法律规范规定的行为模式严格行使权利、履行义务

守法就是遵守法律所规定的行为规范,将抽象的行为模式转化为在具体的法律关系中行使权利、履行义务,这是守法的实质要求。权利和义务是法律在我们生活中的具体化,涉及我们的利益、关乎我们的自由,每一次行使权利、履行义务的过程就是法律在现实生活当中被遵守、被实现的过程。相反,如果我们有权利而不能满足、有义务而不履行,法律终将成为空谈。

3. 发生违反法律的行为或后果时,主动承担法律责任

在现实生活中,由于各种原因,违法情况必然存在。为了保障法律的有效实施,除了特定的免责情况外,法律关系主体违反法律都应承担相应的法律责任,这是在法律得不到遵守时的补正和救济。同时,主动承担法律责任也是行为人对法律规范中行为后果要件的遵守。一切守法主体都应认真按照法律规范所鼓励和不禁止的行为模式去行为,如果违反了法律的禁止性规范,就应积极主动地承担相应的法律后果,恢复被损害的法律关系,使法律规范的要求仍能得到实现。因此,主动承担法律责任是守法的保障性要求。

根据《刑法》的规定，犯罪以后自动投案，如实供述自己的罪行的，是自首。对于自首的犯罪分子，可以从轻或者减轻处罚。其中，犯罪较轻的，可以免除处罚。

三、执法

（一）执法的含义

执法，又称法的执行。在我国，执法专指国家行政机关及其公职人员依法行使行政管理职权、履行职责、实施法律的活动。因此，人们常把行政机关称为执法机关。国家行政机关执行法律是法的实施的重要方面。在现代社会，国家行政机关被称为是国家权力机关的执行机关，国家权力机关制定的法律和其他规范性法律文件，主要由国家行政机关贯彻、执行、付诸实现。

国务院即中央人民政府，是最高国家权力机关的执行机关，是最高国家行政机关。其职权主要有以下几项：根据宪法与法律，制定行政法规、发布决定与命令；规定各部委的职能，统一领导各部委及地方各级行政机关的工作；向全国人民代表大会及其常务委员会提出议案；规定中央与省、自治区、直辖市国家行政机关的职权划分，批准省、自治区、直辖市的区域划分以及自治州、县、市的建置与区域划分；审查行政机关的编制，依法任免、培训与奖惩行政工作人员；领导和管理全国范围内的政治、经济、外交、国防、教育、科学、民政、公安等各项事务；改变或撤销各部、委及地方各级行政机关不适当的命令、决议与决定；依照法律规定决定省、自治区、直辖市的范围内部分地区进入紧急状态。

（二）执法的特点

1. 执法是以国家的名义对社会进行全面管理，具有国家权威性

在现代社会，为了建立良好的社会秩序，大量的法律内容是有关各方面社会生活的组织与管理，从经济到政治，从卫生到教育，从公民的出生到公民的死亡，无不需要有法可依。而依据法治原则，专司社会管理的行政机关的活动必须严格依照立法机关根据民意和理性事先制定的法律来进行。行政机关执行法律的过程就是代表国家进行社会管理的过程，社会大众应当服从。

2. 执法的主体，主要是国家行政机关及其公职人员

在我国，国务院和地方各级人民政府依法从事全国或本地行政管理。各级政府及其公职人员根据法律的相关规定的职权来管理社会事务，维护社会秩序。执法的主体有严格的法

律规定,没有得到法律允许的单位、个人均不得行使国家的行政权。

3. 执法具有国家强制性

行政机关执行法律的过程同时是行使行政权的过程。行政机关根据法律的授权对社会进行管理,其具有的行政权是进行执法的前提。行政权是一种国家权力,它体现了国家的意志,由国家强制力加以保障。

4. 执法具有主动性和单方性

执行法律既是国家行政机关进行社会管理的权力,也是它对社会、对民众承担的义务和职责。因此,行政机关在进行社会管理时,应当依职权以积极的行为主动执行法律、履行职责,而无须行政相对人的请求和同意。如果行政机关不主动执法并因此给国家或社会造成损失,就是失职,要承担法律责任。

(三)执法的原则

1. 合法性原则

执法的合法性原则,也称为依法行政原则,是指行政机关必须依据法定权限、法定程序和法治精神进行管理,越权无效。这是现代法治国家行政活动的最基本原则。合法性原则包括主体合法、内容合法、程序合法等具体内容。

□ **分析问题**

王某系某市个体经营者,其在本市纺织市场中租用了一间房屋,为丝袜生产者进行丝袜包装。该市工商局所属市场工商所工作人员来王某处检查后认为其无营业执照,属违法经营,责令其到工商所申办营业执照。王某认为袜子生产者已经领取了营业执照,而自己只是负责包装袜子,无须申办营业执照,双方发生争吵。工商所工作人员随即将王某扭送到市场管理办公室,并用手铐将其铐在办公室窗户的铁栅栏上长达 4 小时之久。

请运用执法的合法性原则的相关知识分析工商局的行为有何错误。

分析

主体不合法。

2. 合理性原则

执法的合理性原则是指执法主体在执法活动中,特别是在行使自由裁量权进行行政管理时,必须做到适当、合理、公正,即符合法律的基本精神和目的,具有客观、充分的事实根据和法律依据,与社会生活常理相一致。

□ 分析问题

某市质量技术监督局在春耕期间,对该市农资公司经销的"大地"牌播种机进行质量检查。质量技术监督局抽取了两台播种机进行了机械性能检查和现场模拟试验,发现该播种机存在严重缺陷,不符合国家规定的技术指标,而且还查明该产品无质量合格证书。质量技术监督局遂将该产品认定为不合格产品,并依据《中华人民共和国产品质量法》(以下简称《产品质量法》)的有关规定,做出了如下行政处罚:① 没收违法所得10 000元;② 处以违法所得 3 倍的罚款,即30 000元的罚款;③ 停止销售库存的产品,待技术成熟之后方可销售。该农资公司不服,向人民法院提起行政诉讼。法院经过审理之后认为,依据《产品质量法》第49条"处违法生产、销售产品货值。金额等值以上三倍以下的罚款;有违法所得的,并处没收违法所得"的规定,质量技术监督局对农资公司做出的"没收违法所得,并处以违法所得 3 倍罚款的处罚"决定是合法的,但考虑农资公司是贫困山区的小企业,效益不好;而且农资公司是初次销售该不合格产品,销售数量很少,质量技术监督局并处违法所得 3 倍的罚款就显得过多,构成了显失公正。因此人民法院依法变更了相应的处罚决定,减少了罚款数额。

请用执法的合理性原则及相关知识分析这个案例。

◯ 分析

本案中行政机关的处罚具有法律根据,但是没有充分考虑企业的具体情况和当地居民的生活水平,做出的处罚过于严厉,不具有合理性。

四、司法

(一)司法的含义

司法,亦称法的适用,是指国家司法机关依据法定职权和法定程序,具体应用法律处理案件的专门活动。它与行政执法一样,是法的实施的重要方式之一。

司法机关在其职权范围内,依法处理各种案件,包括刑事案件、民事案件、行政案件等。司法机关正是通过处理各种案件,解决法律纠纷,惩罚违法犯罪,保障公民和社会组织的合法权益,维护社会秩序,从而保障法律的实施。

(二)司法的特征

1. 司法是由特定的国家机关及其公职人员,按照法定职权进行的专门活动,具有国家

权威性

在我国,人民法院和人民检察院是代表国家行使司法权的专门机关,其他任何国家机关、社会组织和个人都不得行使这项权力。在中国,司法权包括审判权和检察权。审判权即适用法律处理案件,做出判决和裁定的国家权力;检察权包括代表国家批准逮捕、提起公诉、不起诉、抗诉等国家权力。司法机关依照法律代表国家独立行使职权,不受行政机关、社会团体和个人的干涉。

 想一想:
你是如何理解私设公堂现象的?

2. 司法是司法机关以国家强制力为保证的,具有国家强制性

由于法的适用总是与法律争端、违法的出现相联系,总是伴随着国家的干预、争端的解决和对违法者的法律制裁,没有国家强制性,就无法进行上述活动。司法机关依法所做的决定,所有当事者都必须执行,不得违抗。

3. 司法是司法机关依照法定程序、运用法律处理案件的活动,具有严格的程序性及合法性

司法机关处理案件必须依据相应的程序法规定。法定程序是保证司法机关正确、合法、及时地适用法律的前提,是实现司法公正的重要保证。同时,司法机关对案件的处理,应当有相应的法律作为依据,否则无效。枉法裁判,应当承担相应的法律责任。

4. 司法必须有表明法的适用结果的法律文书

法律文书具有法律约束力,也可以作为一种法律事实,引起具体法律关系的产生、变更和消灭。如果对法律文书的内容不服,可以依据法定程序上诉或申诉,但是任何人都不得抗拒执行已经发生法的效力的法律文书。

(三)司法的基本原则

1. 司法公正

司法公正是社会正义的一个重要组成部分,是现代社会政治民主、进步的重要标志,也是现代国家经济发展和社会稳定的重要保证。司法公正,就是要在司法活动的过程和结果中坚持和体现公平与正义的原则。公正是司法的生命,如果司法机关不能保持其公正性,司法机关也就失去了自身存在的社会基础。

2. 公民在法律面前一律平等

公民在法律面前一律平等,既是我国公民的一项基本权利,也是我国法律适用的一条基本原则。在法的适用领域,公民在法律面前一律平等的基本含义是:第一,法律对于全体公民,不分民族、种族、性别、职业、社会出身、宗教信仰、财产状况等,都是统一适用的,所有公民依法享有同等的权利并承担同等的义务。第二,任何公民的权利受到侵犯,一律平等地受到法律保

护,不能歧视任何公民。第三,在诉讼中,要保证诉讼当事人享有平等的诉讼权利,不能偏袒任何一方当事人。第四,对任何公民的违法行为,都必须同样地追究法律责任,依法给予其相应的法律制裁,不允许有不受法律约束或凌驾于法律之上的特殊公民,任何超出法律之外的特殊待遇都是违法的。

3. 以事实为根据,以法律为准绳

我国诉讼法中均规定有以事实为根据,以法律为准绳的原则。这项原则的基本含义是:第一,以事实为根据,就是指司法机关审理一切案件,都只能用证据认定的案件事实作为根据,而不能以主观臆想做依据,应当用证据查清事实真相,使法律适用能够做到"有的放矢"。第二,以法律为准绳,要严格依照法律规定对案件做出处理,切实做到有法必依、执法必严、违法必究。

□ 分析问题

张某向王某借了 3 万元钱,承诺一年之后偿还,并给王某打了一张欠条。后来,王某不慎将欠条丢失。一年之后,王某要求张某偿还欠款,张某要求王某出示欠条,王某拿不出欠条,张某拒绝还钱。王某遂诉至法院。在法院审理案件期间,张某拒不承认曾经向王某借钱。而王某也拿不出张某借钱的证据。法院最后判决王某败诉,对其主张不予支持。

试分析:法院的判决体现了我国哪一项司法原则?

分析

法院的判决体现了司法"以事实为根据,以法律为准绳"的原则。

扫码观看

法律责任

第二节 法 律 责 任

引例

2017 年 5 月 2 日,郑州医生杨某因在电梯内劝阻段某抽烟,两人发生争执。十多分钟后,69 岁的段某突发心脏病死亡。段某的妻子田某将杨某诉至法院,要求其赔偿死亡赔偿金等共计 40 余万元。2017 年 9 月 4 日,郑州市金水区法院做出一审判决,判决杨某向死者家属补偿 1.5 万元。田某不服一审判决,上诉至郑州市中院。郑州市中院认为,杨某劝阻段某在电梯内吸烟的行为未超出必要限度,属于正当劝阻,没有侵害段某生命权的故意或过失,本身也不会造成段某死亡的结果。段某患有心脏疾病,在未能控制自身情绪的情况下,发作心脏疾病不幸死亡。因此杨某不应

承担侵权责任。一审判决杨某补偿死者家属 15 000 元,属于适用法律错误。2018 年 1 月 23 日,该案在郑州市中院二审公开宣判,法院撤销要求杨某补偿死者家属 1.5 万元的民事判决;驳回田某的诉讼请求。

试问:你认为杨某是否需要承担法律责任?

分析

可以从法律责任的归责原则去分析。

一、法律责任的含义

法律责任,是指行为人由于违法行为、违约行为或者法律规定而应承受的某种不利法律后果。

与道义责任或其他社会责任相比,法律责任有两个明显的特点:首先,承担法律责任的最终依据是法律。承担法律责任的具体原因可能各有不同,但最终依据是法律。其次,法律责任具有国家强制性,即法律责任的履行由国家强制力保证。当然,国家强制力只是在必要的时候,在责任人不能主动履行其法律责任时才会使用。

想一想:

在公交车上没有给老人、孕妇让座,是否需要承担法律责任? 为什么?

二、法律责任的种类

根据不同的标准,对法律责任的种类可以做不同的划分。法律责任以责任的内容为标准,可以分为财产责任与非财产责任;以责任的程度为标准,可以分为有限责任与无限责任;以责任的人数不同为标准,可以分为个人责任与集体责任。以引起责任的行为性质为标准,把法律责任划分为以下三种。

（一）刑事法律责任

刑事法律责任,又称刑事责任,是指行为人因其犯罪行为所必须承受的,由司法机关代表国家所确定的否定性法律后果。刑事责任的特点是:第一,产生刑事责任的原因在于行为人行为的严重社会危害性,只有行为人的行为具有严重的社会危害性才构成犯罪,才能追究行为人的刑事责任;第二,刑事责任是最严厉的法律责任,轻者限制、剥夺犯罪人的人身自由、财产权利、政治权利,重者剥夺犯罪人的生命;第三,刑事责任是犯罪人向国家所负的责任,对刑事责任的追究通常由国家检察机关以国家的名义提起公诉;第四,刑事责任的承担通常要求行为人有主观过错,也就是说,行为人是基于故意或过失的心理状态而实施了严重危害社会的行为;第五,刑事责任是一种严格的法定责任。刑事法律是认定和追究刑事责任的唯一法律依据。

（二）民事法律责任

民事法律责任,又称民事责任,是指因违反民事法律、合同义务或民事法律规定的事由而引起的法律责任。与其他法律责任相比,民事责任具有如下几个特点:第一,民事责任主要是一种补偿性责任,民事责任的主要功能是赔偿或补偿受害人实际遭受的损失;第二,民事责任主要是一种财产责任,这是由于民事责任的内容主要是赔偿或补偿受害人的损失,这种赔偿或补偿表现为财产赔偿或补偿,如支付违约金、赔偿损失、返还财产;第三,民事责任是一种可协商确定的责任,在民事活动中,当事人可自由处分自己的权利或利益。在民事责任的认定、减少或免除上,当事人亦可以通过协商确定。

（三）行政法律责任

行政法律责任是指因违反了行政法或违反了依法做出的具体行政行为而引起的法律责任。行政法律责任既包括行政机关及其工作人员在执行职务过程中违法失职、滥用职权或行政不当而引起的法律责任,也包括行政相对人违反行政法或依法做出的具体行政行为所引起的法律责任。行政法律责任通常情况下采取过错推定原则。

想一想:

某甲长期欠其邻居乙的两万块钱不还,需要承担何种法律责任？ 某丙把邻居丁打成重伤,需要承担何种法律责任?

三、法律责任的归结与免除

（一）法律责任的归结

根据责任的构成是否以当事人的过错为要件,民事责任可以分为过错责任、无过错责任和公平责任。

1. 过错责任

过错责任,是指行为人违反民事义务并致他人损害时,应以过错作为责任的要件和确定责任范围的依据的责任。可见依过错责任,若行为人没有过错,如加害行为为因不可抗力而致,则虽有损害发生,行为人也不负责任。此外,在确定责任范围时应当确定受害人是否具有过错,受害人具有过错的事实可能导致加害人责任的减轻和免除。我国一般侵权行为责任采用过错责任的归责原则。

2. 无过错责任

无过错责任,是指行为人只要给他人造成损失,不问其主观上是否有过错而都应承担的责任。一般认为,我国合同法上的违约责任与侵权法上的特别侵权责任的归责原则即是无过错责任原则。如在违约责任中,在违约责任发生后,非违约方只需证明违约方的行为已经构成违约即可,而不必证明其主观上有无故意或过失。对于违约方而言,通过举证自己无过错来免责是徒劳的,但可以通过证明违约行为是发生在不可抗力和存在特约的免责条件下而获得免责。同理,特别侵权人也只能通过证明法定的免责事由的存在而获免责。

3. 公平责任

公平责任,是指双方当事人对损害的发生均无过错,法律又无特别规定适用无过错责任原则时,根据公平的观念,在考虑当事人双方的财产状况及其他情况的基础上,由当事人公平合理地分担责任。公平责任以公平观念做价值判断来确定责任的归属,在双方当事人对损害的发生均无过错、法律又无特别规定适用无过错责任原则的情况下,为平衡当事人之间的财产状况和财产损失,由当事人合理分担损失。从这个意义上讲,公平责任是道德观念和法律意识结合的产物,是以法律来维护社会的公共道德,以更高的水准要求当事人承担互助共济的社会责任。

（二）法律责任的免除

法律责任的免除,也称免责,是指法律责任由于出现法定条件被部分或全部地免除。从我国的法律规定和法律实践看,主要存在以下四种免责形式:

1. 时效免责

时效免责即法律责任经过了一定的期限后而免除。时效免责的意义在于:保障当事人的合法权益,督促法律关系的主体及时行使权利,提高司法机关的工作效率,稳定社会生活秩序,促进社会经济的发展。

□ **知识链接**

《刑法》第 87 条规定,犯罪经过下列期限不再追诉: ① 法定最高刑为不满 5 年有期徒刑的,经过 5 年; ② 法定最高刑为 5 年以上不满 10 年有期徒刑的,经过 10 年; ③ 法定最高刑为 10 年以上有期徒刑的,经过 15 年; ④ 法定最高刑为无期徒刑、死刑的,经过 20 年。 如果 20 年以后认为必须追诉的,须报请最高人民检察院核准。 第 88 条规定,在人民检察院、公安机关、国家安全机关立案侦查或者在人民法院受理案件以后,逃避侦查或者审判的,不受追诉期限的限制。被害人在追诉期限内提出控告,人民法院、人民检察院、公安机关应当立案而不予立案的,不受追诉期限的限制。

---

2. 不起诉及协议免责

不起诉及协议免责是指受害人或有关当事人不向法院起诉要求追究行为人的法律责任,行为人的法律责任就实际上被免除,或者受害人与加害人在法律允许的范围内协商同意的免责。这种免责的前提是责任人应当向或主要应当向受害人承担法律责任,并且法律将追究责任的决定权交给受害人和有关当事人。

3. 自首、立功免责

自首是指犯罪后自动投案,向公安、司法机关或其他有关机关如实供述自己的罪行的行为。按照法律的规定,自首可以从轻、减轻甚至免除处罚。立功是指犯罪分子揭发他人的犯罪行为,查证属实的,或者提供重要线索,从而得以侦破其他案件的行为。对那些违法之后有立功表现的人,可以减轻、免除其部分和全部的法律责任。这是一种将功抵过的免责形式。

4. 因履行不能而免责

因履行不能而免责即在财产责任中,在责任人确实实际无法履行的情况下,有关的国家机关免除或部分免除其责任。比如我国《合同法》第117条规定因不可抗力不能履行合同的,根据不可抗力的影响,部分或者全部免除责任,但法律另有规定的除外。

第三节 法律监督

引例

1998年,孙小果因强奸罪等数罪并罚被法院一审判处死刑,随后的二审将其由死刑改为死缓,在服刑期间,又通过再审程序将其改为20年有期徒刑。在2004年至2009年服刑期间,孙小果多次受到记功表扬和减刑处理,出狱后成了昆明夜场的"大李总"。孙小果屡屡作恶,多次被追究刑事责任却一直未曾得到法律应有的惩处,在当地造成了极其恶劣的影响,极大地损害了司法公信力。直到2019年党中央部署开展扫黑除恶专项斗争后,孙小果才被列为涉黑涉恶犯罪团伙典型,再次受到审判。

2019年11月8日,孙小果出狱后因涉黑案一审获刑25年。12月17日,二审宣判维持原判。2019年12月23日,云南省高级人民法院对孙小果1997年犯强奸罪、强制侮辱妇女罪、故意伤害罪、寻衅滋事罪再审案件依法公开宣判,决定对孙小果执行死刑,剥夺政治权利终身,并处没收个人全部财产。

孙小果案背后隐藏的19名公职人员和重要关系人的徇私舞弊、枉法裁判罪行警示我们,没有坚强过硬的司法队伍,就没有执法环节的公正和平等,严格的刑事诉讼程序对于公检法机关之间相互制约、相互监督的规定更无从谈起。我们需要法律制度的完善,同时也需要对执法环节的监督和约束,更需要执法监督机制处于一直有效运行状态。

在全国扫黑办挂牌督办、大要案督办组指导督办下,对于涉孙小果案的一系列查办和处理,充分体现了党中央依法治国的坚定决心,也表明司法机关勇于刀刃向内,敢于打"伞"破"网",对黑恶势力及其"保护伞"和"关系网"人员依法追究法律责任。

请思考我国法律监督的重要性。

我国法律监督的重要性表现为:① 保证司法的独立;② 防止权力的腐化和滥用;③ 监督行政机关依法行政。

一、法律监督的概念和意义

法律监督通常有狭义与广义两种含义。狭义的法律监督,是指由特定国家机关依照法定权限和法定程序,对立法、司法和执法活动的合法性所进行的监督。广义的法律监督,是指由所有国家机关、中国共产党、社会组织和公民对各种法律活动的合法性所进行的监督。两者都以法律实施及人们行为的合法性为监督的基本内容。

想一想:

如何理解"权力导致腐败,绝对的权力导致绝对的腐败"这句话?

法律监督是与守法、执法、司法等法的实施活动相伴而生、同步运行的。正是为了防止执法、司法活动出现违法的情况,我们才需要通过外部的力量对其行为的合法性进行有效监督。因此,法律监督是法律运行的自我保障机制。

一般来讲,法律监督需要解决以下四个问题,即法律监督的主体(谁来监督)、法律监督的客体(监督谁)、法律监督的内容(监督什么)、法律监督的方式(如何监督)。我们着重介绍在我国现行体制下谁来监督和如何监督的问题。

二、当代中国的法律监督体系

当代中国的法律监督体系,是指由国家机关、社会组织和公民依法对各种法律活动进行监督的有机联系的整体。根据监督主体的不同,可以将当代中国的法律监督体系分为三大类:国家监督、社会监督和中国共产党的监督。

(一)国家监督

国家监督包括国家权力机关、司法机关和行政机关、监察机关的监督。宪法和有关法律明确规定了这些国家机关监督的权限和范围。国家监督是依照一定的法律程序,以国家名义进行的,具有国家强制性和法律效力,是我国法律监督体系的核心。

1. 国家权力机关的监督

国家权力机关的监督,是指人民代表大会所进行的监督。它包括各级人大及其常委会为全面保证国家法律的有效实施,通过法定程序,对由它产生的国家机关实施的法律监督。

国家权力机关的监督权是宪法赋予国家权力机关的重要职权,是人民通过各级人民代表大会统一行使国家权力的重要方式。

国家权力机关的监督形式有两种,即立法监督和工作监督。

立法监督是指国家权力机关对享有立法权的国家机关的立法活动及其结果的合法性所进行的监督。在监督内容上,它既要就立法活动本身的权限和程序上的合法性进行监督,又要对立法活动的结果即规范性法律文件本身的合法性进行监督。

按照监督对象和监督范围的不同,立法监督可以分为两层监督:全国人大及其常委会通过立法程序对某项法律、法规进行审查,确定其是否符合宪法,对违反宪法的法律、法规予以撤销,从而实现监督。在地方,县级以上各级人大及其常委会监督地方性法规和地方其他决议、决定的实施。地方各级人大及其常委会有权撤销下一级人大及其常委会的不适当的决议,撤销本级人民政府的不适当的决定和命令。

工作监督指人民代表大会及其常务委员会通过对监察委员会、政府、法院、检察院即"一委一府两院"工作依法进行的监督。依法进行质询和询问,对特定问题进行视察和调查;听取和审议"一委一府两院"的工作报告;提出意见和建议;通过决议或决定行使撤销和罢免权。

☐ 分析问题

在沈阳市人大会议上,因赞成票数没有过半,沈阳中级人民法院工作报告未获得通过,该院长期以来存在的管理不力和官员腐败问题被揭露于世。 在中共沈阳市委的高度重视下,市人大帮助市中级人民法院认真查找问题,深刻反思,吸取教训,并迅速调整了法院领导班子,依法撤销了中级人民法院院长和副院长的职务,使法院工作有了可行的组织保障,全院上下加强法官素质建设。 法院队伍建设取得初步成效。

后来,经过整顿后的沈阳中院重新做出法院工作报告,以90%的赞成票通过了审议。

试问: 本案中人大的监督属于哪种监督形式?

分析

人大的监督对法律的实施起到了工作监督的作用。

2. 司法机关的监督

司法机关的监督,包括检察机关的监督和审判机关的监督两种。

人民检察院是国家专门的法律监督机关。《宪法》第 134 条规定:"中华人民共和国人民检察院是国家的法律监督机关。"检察机关监督体现在法纪监督、经济监督、侦察监督、审判监督和监所监督等方面。

人民法院是专门行使国家审判权的机关。它虽然不是国家的专门法律监督机关,但在中国整个法律监督体系中具有重要的地位。人民法院的监督,主要通过审理各类刑事、民事、行政案件保证法律的正确实施。

想一想:
对于人民法院的审判结果,人民检察院认为存在错误,提起抗诉要求法院重新审理是不是一种司法监督?

3. 行政机关的监督

行政机关的监督可以分为两类,即一般行政监督和专门行政监督。

一般行政监督指行政隶属关系中上级行政机关对下级行政机关所进行的监督。这种监督是依行政管理权限和行政隶属关系产生的,是由上级行政机关对所属部门和下级政府的监督,主要通过改变或撤销下级机关不适当的决定和命令。

专门行政监督指行政系统内部设立的专门监督机关实施的法的监督。它与一般行政监督的主要区别是:它是由专门对行政机关及其公职人员进行法纪检查的职能机关做出的。它包括行政监察和审计监督两种。

4. 监察监督

监察监督,即国家监察机关的监督。按照 2018 年《宪法修正案》和《中华人民共和国监察法》(以下简称《监察法》),国家建立监察制度。各级监察委员会是行使国家监察职能的专责机关,有权对所有行使公权力的公职人员进行监察,调查职务违法和职务犯罪,开展廉政建设和反腐败工作。监察委员会依照法律规定独立行使监察权,不受行政机关、社会团体和个人干涉。

(二)社会监督

社会监督即非国家机关的监督,指由各政党、各社会组织和人民群众依照宪法和有关法律,对各种法律活动的合法性所进行的监督。其目的在于保证法律实施的合法性。其特点是不直接运用国家权力,不必遵照一定的法律程序和形式。但社会监督在国家法律监督体系中发挥着不可替代的重要作用。

1. 社会组织的监督

社会组织的监督主要是指由工会、妇女联合会以及城市居民委员会、农村村民委员会、消费者保护协会等社会组织所进行的法律监督。这类监督作为一种集体监督,可以在某些特定的领域发挥重要的监督作用。社会组织的监督与国家机关的法律监督不同,它不具有法律上的直接效力,不是以国家名义所进行的监督,不具有国家强制性。但是,社会组织的监督也是整个法律监督体系中的重要力量,具有广泛的代表性。社会组织的监督可以通过法定渠道传输到国家的法律监督中去,再通过国家机关的法律监督来产生直接的法律效力和法律强制力。

2. 人民群众的监督

人民群众的监督是指由人民群众直接进行的法律监督。这种监督的主体是公民个人。群众可以通过行使选举等民主权利,显示自己的力量,表达自己的意志和愿望,督促国家机关依法办事。群众监督具有广泛的群众性,是法律监督中的重要的、普遍的力量。国家机关和社会组织设立的人民来访接待站、信访组、监督电话等,是人民群众行使监督权的有效形式。

3. 新闻舆论的监督

新闻舆论的监督是由电视、报纸、网络等新闻媒介进行的法律监督。它是宪法规定的公民言论、出版自由在法律监督领域的具体应用。新闻舆论监督因其反应速度快、传播范围广泛,而具有相当大的影响力。新闻舆论监督可以在法律监督方面起到防微杜渐、防患于未然的作用,因而舆论监督在法律监督体系中具有特别重要的意义,应得到充分的法律保护。

□ 分析问题

　　24 岁男青年李某死于云南晋宁县(现为晋宁区)看守所。 当地公安局通报李某是在与室友玩"躲猫猫"的游戏中受伤而死。 对于这样的解释,很多网民表示难以接受,并强烈要求查明事实真相。 在舆论的巨大压力下,云南省委宣传部迅速组织事件真相调查委员会,并公开面向社会邀请网友和社会人士参与调查。 后来真相得以查明,是由于看守所监管不力,李某在玩游戏时被狱霸所伤致死。 至此,真相大白于天下,相关责任人员都受到了处罚。

　　试问: 社会舆论在法的实现中有哪些重要作用?

分析

社会舆论是一种社会监督,可以促进行政机关依法行政和保证司法公正。

(三)中国共产党的监督

中国共产党的监督,是我国一种具有关键性的法律监督形式。中国共产党是执政党,在国家生活中处于领导地位。其在监督宪法和法律的实施、维护国家法制的统一、监督各级领导干部、防止权力滥用方面发挥着十分重要的作用。

■ 本章小结

　　法律在制定出来后必须在社会中得到严格的遵循。 守法、执法和司法是法律实施的三种主要方式。 法律责任是法律主体对于违法行为所要承担的不利后果，包括刑事责任、民事责任、行政责任和违宪责任。 法律监督在法的运行中具有重要意义，我国建立了全方位多层次的法律监督体系。 法律制定出来如果不能很好地加以贯彻落实，执法的人员自己知法犯法，违反法律的行为不能及时受到惩罚，无疑，这样的法律只能是一纸空文。

■ 思考与练习

一、 单项选择题

1. 下列情况会导致法律责任的是（　　　）。

　　A. 李某看见爆裂的水管漏水而漠不关心

　　B. 姜某向报社写信揭露某纪录片造假，报社没有刊登

　　C. 冯某经公共汽车售票员提醒后仍不给抱小孩的乘客让座，致使小孩挤受伤

　　D. 塑胶五金厂要求工人一天至少工作 16 小时，加班费为每小时 15 元

2. 王强与李力两人与张明因口角发生纠纷，将张明打伤，后被公安机关抓获，经法院审理判王强有期徒刑 5 年，王强所承担的法律责任是（　　　）。

　　A. 行政责任　　　　　　　　　　　　　B. 民事责任

　　C. 刑事责任　　　　　　　　　　　　　D. 经济责任

3. A 市工商行政管理部门对该市一制造假冒伪劣商品的 B 公司进行处罚，罚款 5 000 元，吊销该公司营业执照，此种行为属于（　　　）。

　　A. 守法　　　　　　B. 执法　　　　　　C. 司法　　　　　　D. 违法

4. 第 3 题中工商行政管理部门的行为属于（　　　）。

　　A. 权力机关的监督　　　　　　　　　　B. 行政机关的监督

　　C. 司法机关的监督　　　　　　　　　　D. 社会组织的监督

5. 执法的原则是指行政执法主体在执法活动中所应遵循的基本准则。 我国的行政执法要求不包括（　　　）。

　　A. 遵循合法性原则　　　　　　　　　　B. 合理性原则

　　C. 高效率原则　　　　　　　　　　　　D. 非正当程序原则

二、 多项选择题

1. 司法的基本原则有（　　　）。

　　A. 司法独立原则

　　B. 行政合法原则

　　C. 公民在适用法律上一律平等原则

D. 以事实为根据，以法律为准绳原则

2. 对于守法的概念，可以从（　　　）方面去认识。

 A. 守法的主体   B. 守法的范围

 C. 守法的要求   D. 守法的标准

3. "黑老大"刘某，在初审时获刑 20 年，但几经发回重审后，最终仅判刑 5 年，而且因其在监狱进行"技术革新"，服刑 3 年即告出狱。 2007 年 7 月，在中纪委督办、吉林省纪委统一查处之下，刘某再次被捕，相关律师、法官和监狱管理人员因涉嫌介绍贿赂和受贿被查。 其中包括该省高院的 4 名重要法官，从而引发吉林司法界的强烈震荡。 结合本案，关于法律监督，以下说法正确的有（　　　）。

 A. 法律监督有利于防止腐败

 B. 国家监督是法律监督的重要手段

 C. 社会监督也是法律监督的一种重要形式

 D. 法律监督有利于保证司法独立

4. 刑事责任的特点是（　　　）。

 A. 产生刑事责任的原因在于行为人行为的严重社会危害性

 B. 刑事责任是最严重的法律责任

 C. 刑事责任通常要求行为人有主观过错

 D. 刑事责任是一种严格的法定责任

三、 判断题

（　　　）1. 司法公正是社会正义的一个重要组成部分，它既包括实质公正，也包括形式公正，其中尤以形式公正为重点。

（　　　）2. 狭义的法律监督，是指由所有国家机关、社会组织和公民对各种法律活动的合法性所进行的监督。

（　　　）3. 国家机关和社会组织设立的来访接待站、信访组、监督电话等是社会监督中的新闻舆论监督。

四、 名词解释

1. 执法

2. 法律责任

3. 法律监督体系

五、 简答题

1. 请简述我国法律责任的种类。

2. 简述现时期我国的法律监督体系。

六、 实践训练题

2006 年 7 月 27 日，福建省平潭县澳前村 17 号两户居民家中多人出现中毒症状，致两人死亡。警方侦查确定系人为投入氟乙酸盐鼠药所致，认为其邻居念斌有重大作案嫌疑。此后，念斌被抓获，该案经历了多次审判，念斌四次被判处死刑，案件一度到最高人民法院进行死刑复核，但最终没有复核通过。2014 年 8 月 22 日，福建省高级人民法院做出终审判决：一、撤销福州市中级人民法院（2011）榕刑初字第 104 号刑事附带民事判决。二、上诉人念斌无罪。三、上诉人念斌不承担民事赔偿责任。

2014 年 9 月，平潭县公安局又对念斌重新立案侦查。同年 11 月，念斌两次因"犯罪嫌疑人"的身份办理护照遭拒。

对于福建省平潭县公安局重新立案侦查，社会上的意见争议较大。一种观点认为"对无罪释放人员重新立案"的做法是不应该的，是刑事诉讼法的漏洞。这会导致司法无终局权、程序可逆，让警察对公民拥有无限怀疑的权力和无休止重复评价。另一种观点认为"对无罪释放人员重新立案"的做法是正确的，司法的实施应当本着实事求是、有错必纠的原则去对待每一个案件，做到天网恢恢，疏而不漏。

请从法律监督的角度写一篇小论文，谈谈你对念斌案的看法。

第九章　法与社会

学习目标

　　知识目标：了解法与经济、法与经济全球化的关系；熟悉法与科学技术、法与生态文明的关系；重点掌握法与国家的关系，法与道德的区别与联系。

　　能力目标：能结合现实生活经济现象分析法治对市场经济的作用；能运用法与道德的相互关系分析社会事件；能解释法对科学技术、经济全球化、生态文明的影响作用。

第一节　法与经济

引例

　　1982年《宪法》只是规定"个体经济，是社会主义公有制经济的补充"。随着改革开放的深入，各种私营企业纷纷兴起，并且焕发出强大生命力，成为社会主义市场经济的一股重要力量。面对这种经济形势的变化，宪法也做出了相应的修改。1988年《宪法修正案》在《宪法》第十一条增加规定："国家允许私营经济在法律规定的范围内存在和发展。私营经济是社会主义公有制经济的补充。国家保护私营经济的合法的权利和利益，对私营经济实行引导、监督和管理"。1999年《宪法修正案》取消对个体经济、私营经济是社会主义公有制经济的"补充"规定，确认"个体经济、私营经济等非公有制经济，是社会主义市场经济的重要组成部分"。2004年《宪法修正案》进一步放宽对非公有制经济的管理，增加鼓励、引导、支持等内容。

　　试问：法对经济有什么影响？

分析

　　法对经济具有引导、促进、保障、制约、协调等作用。

一、法与经济

（一）经济的含义

"经济"的现代意义有三点:一是指金钱、力气、时间、资源等的节省或节约;二是理财;三是指国家的经济管理或经济制度。1992 年诺贝尔经济学奖得主贝克尔(Gary S. Becker)对于"经济"的理解较有代表性,贝克尔认为,"经济"概念是指如何以最小的代价,获得最大的效果,就是如何在各种可能的选择中,或在主观与客观、自然与人际条件下,选取代价最小而收获最大的那一种选择。法理学意义上的"经济"一词一般是指经济基础,即人们在物质资料生产过程中结成的,与一定的社会生产力相适应的生产关系的总和。

□ 知识链接

"经济"一词在中华传统文化中的本来意思, 是"经世济民""经国济物", 也就是"治国平天下"之意。 在希腊文中,"经济"的原意是"家政管理"。 西方经济学自 19 世纪晚期在中国传播。最初,"economics"被直接译到中国时, 使用的是"富国策""生计学""计学""理财学"等词。 19 世纪下半叶开始, 一些日本学者在译英语"economy"时, 借用了古汉语"经济"一词, 从而使它的含义发生根本变化, 变成了专指社会物质生产活动的用词。 辛亥革命后, 在孙中山先生的建议下, 逐渐统一沿用日本学者的译法, 从而使"经济"一词以新词的面貌在中国流传至今。

（二）法与经济的关系

1. 经济基础决定法

法作为上层建筑的组成部分,是由经济基础决定的,法的产生、发展及其本质、特点都受到经济基础的制约。一定社会的法是与其经济基础相适应的,生产资料私有制基础上存在的是与其相匹配的私有制类型法;生产资料公有制基础上或者生产资料公有制占主导地位必然导致法的社会主义性质。

任何国家的法都是由国家机关依据经济基础的现状制定或认可的。法将随着经济基础的根本变革而相应地发生本质的变化。即使经济基础发生了局部的变化,法也会随之发生一定程度的变化。但一定的经济基础并不自动产生法,而是需要人们通过主观努力,按照统治阶级或广大人民的意志制定法,显然,法是主客观的统一。

值得注意的是,法在制定的过程中,也会受到上层建筑诸因素的重要影响,如政治制度、文化传统、道德观念等,法甚至会受到阶级阶层、国际环境等的影响,但是经济基础对法起着最终的决定性作用。

2. 法对经济基础的反作用

法对经济基础的反作用是指法作为上层建筑的组成部分,对经济基础产生能动的影响,表现为法治对经济基础起着引导、促进及保障的作用。如统治阶级以法律的行使确认一种生产关系,使之成为在社会中占据统治地位的生产关系,法治就会以其特有的强制力促进这种生产关系的巩固和发展,保护该经济基础。

法对经济基础产生能动的影响,还表现为:通过制定明确的法律准则,如民商法、经济法、行政法以及程序法等,规范公民、组织的经济行为和经济活动;规范国家对于经济活动的管理过程;制裁各种侵扰经济秩序的违法行为;确认和维护应有的经济秩序、巩固和发展经济基础。

法对经济基础的反作用体现为促进作用和阻碍作用。当法维护的经济基础适应生产力的发展要求时,它起促进作用;当法维护的经济基础不适应生产力的发展要求时,它起阻碍作用。

二、法与市场经济

(一) 市场经济的认识

市场经济是市场在资源配置中起主要作用的经济制度,我们对它的认识可以从以下四个方面分析:

首先,市场经济是法治经济。市场经济的资源配置主要依靠法律来实现,法律对资源配置做出明确规定,并依靠这些法律规定决定资源的流向和利用。市场经济还需要法律介入以促进公有制与市场经济的协调,如所有制形式、分配制度、宏观调控、社会保障制度等,都需要法律在其中扮演重要的角色。

其次,市场经济是契约经济。市场经济的整个运行过程,产品生产、市场交换、分配方式、社会保障等几乎都是通过契约来实现的,"重合同,守信用","诚信原则"是契约精神的重要表现,某种意义上,市场经济也就是信用经济。从身份到契约是自然经济到市场经济的主要标志。

再次,市场经济是平等竞争经济。市场经济体制下,交易的前提是经济主体之间地位平等、意志自由,他们通过平等的讨价还价,共同协商决定相互之间的互利互惠、互相制约的关系。

最后,市场经济是开放多元经济。市场经济的内在动力机制要求打破一切地域限制,使国内外市场对接,把国内市场变成国外市场的一个组成部分。市场经济多元利益并存,对于多元利益的交叉、重叠以及冲突引发的纠纷,统一接受法律规则和法律程序的调整。

(二) 法对市场经济的作用

1. 确认和维护市场主体的法律地位

我国社会主义市场经济主体多元,在法律上主要表现为自然人、法人和其他组织。法律应当保障各个主体之间能够等价交换、公平竞争,政府不应是市场主体,而是退居二线扮演服务和调控的角色。我国社会主义市场经济以公有制为主体、多种经济成分共存,法律应当给予各种所有制经济形式、市场主体以及公私财产平等的保护。市场主体涉及的法律规则主要包括公司法、合伙企业法、个人独资企业法、企业破产法、外商投资法等。

2. 培育市场体系,维护市场秩序

社会主义市场经济虽然是自由竞争的经济,但并不是放任无序的经济。在市场出现问题、资源分配不能实现最优时,就需要国家和政府依据公共权力,从社会整体利益出发,通过法律和政策对市场进行干预和调控。这种干预和调控与计划经济体制的行政管理不同,是为了维护市场的公平竞争秩序,保障正当的竞争者权利、消费者权益以及社会公共利益。这种法律主要包括反不正当竞争法、反垄断法、广告法、消费者权益保护法等。

□ **知识链接**

为了保障电子商务各方主体的合法权益,规范电子商务行为,维护市场秩序,促进电子商务持续健康发展,2018年第十三届全国人民代表大会常务委员会第五次会议通过了《中华人民共和国电子商务法》,调整通过互联网等信息网络销售商品或者提供服务的经营活动。

3. 有效运用法律机制解决社会保障问题

社会保障是一个重要的经济和社会问题,它的主要作用在于帮助社会成员降低生活中可能遇到的风险,提高社会成员的安全度。社会保障体系的法律是否完整会直接影响这个国家的经济发展和社会稳定。近年来,我国重视社会保障事业的发展,积极推进社会保障制度改革,养老保险、失业保险、医疗保险、国有企业下岗职工的生活保障和城镇居民的最低生活保障等,都取得了显著成效。在此基础上,要着重把社会保障实践中的一些有价值的做法上升为制定法,注重采用适当的法律机制解决诸如国有企业下岗职工的基本生活保障问题,城市居民、弱势群体的最低生活保障问题以及陷入困境的离退休人员的生活保障问题。

□ **知识链接**

《中华人民共和国社会保险法》(以下简称《社会保险法》)是中国特色社会主义法律体系中起支架作用的重要法律,是一部着力保障和改善民生的法律。它的颁布实施,对于建立覆盖城乡居民的社会保障体系,更好地维护公民参加社会保险和享受社会保险待遇的合法权益,使公民共享发展成果,促进社会主义和谐社会建设,具有十分重要的意义。

4. 确认市场经济的基本原则,运用法律机制对市场进行宏观调控

要重视运用法律机制协调各种社会利益关系,努力实现"共同富裕"的社会主义发展原

则。市场本身存在不足,如市场具有自发性、盲目性以及滞后性等,当市场由于自身不足出现问题时,政府可以通过法律手段进行积极干预和宏观调控,可以通过预算法、银行法、价格法、外商投资法、个人所得税法等促使市场经济协调稳定发展,避免严重的通货膨胀和经济大波动。通过法律机制进行干预和调控,有利于规范政府的经济管理行为,适应法治经济的要求。

三、法与经济全球化

(一) 经济全球化对法的影响

经济全球化不仅给经济带来了巨大的变化,也深刻影响着各国的政治、法律、文化以及生活等。其中法律是变革的先导,这个法律变革是围绕着保障世界范围内的自由贸易进行的,具体内容有两个方面:一是经济全球化要求具有国际化的法律规则。经济全球化迫切要求法律随之变化,要求具有国家化的法律规则,集中表现在国际经济法律规范的变化中。首先,国际经济法统一实体规范的大量增多,如与世界贸易组织(WTO)有关的诸多开放性多边国际经济贸易协议;其次,各国经济法做出相关的国际变化改变,这些改变正逐步趋于一致。二是法律回应是以多元共存为特点,法律对于经济全球化的回应是一个多元法律融合共存的过程,包括国内法和国际法的统一、国家法和民间法的统一。随着国家和地区之间的联系增多,各国的法律在互相借鉴中逐渐接近和融合,为法律的国际化发展奠定了基础。

(二) 新时代中国法律对经济全球化的回应

随着我国与世界各国的交流合作,我国法律也面临巨大的挑战。这表现在:一是促使我国加快法律现代化的进程,为了适应经济全球化,经济领域的法律出现了更多的全球趋同现象,这就要求我们在制定法律的同时,根据国情,充分借鉴相关的国际法律和国际惯例,并积极参加国际法律统一化和国际经济贸易竞争规则的制定,以适应全球化市场的要求。二是要对法律的国际化与本土化进行调适。在我国法律对经济全球化的回应过程中,必然会出现法律国际化和本土化的矛盾,一个强调全球趋同,一个强调地方特色,但它们之间的矛盾不是不可调和,我们要从本国的实际出发,建设适合本国土壤的法律体系。

第二节　法　与　政　治

引例

中共中央、国务院于2018年1月发出《关于开展扫黑除恶专项斗争的通知》(以下简称《通知》),《通知》指出,为深入贯彻落实党的十九大部署和习近平总书记重要指示精神,保障人民安居乐业、社会安定有

图 9-1　扫黑除恶专项斗争

试问：法如何保障政治？

序、国家长治久安,进一步巩固党的执政基础,党中央、国务院决定,在全国开展扫黑除恶专项斗争(图 9-1)。

人民法院坚决拥护党中央的决定,完成扫黑除恶专项斗争审判执行任务。专项斗争以来,审结涉黑涉恶犯罪案件 33 053 件,226 495 人,结案率 99.4%,重刑率达 34.5%。对孙小果、陈辉民、尚同军、黄鸿发等黑恶势力犯罪组织头目依法判处死刑,一批涉黑涉恶犯罪分子受到法律严惩。坚持"打财断血",依法判处财产刑并追缴、没收违法所得,实际执行到位金额 1 373.7 亿元。坚持"打伞破网",审结公职人员涉黑涉恶保护伞犯罪案件 2 668 件。严把案件质量关,努力让每一起案件都经得起法律和历史的检验。通过 3 年的专项斗争,社会治安明显改善,人民群众安全感显著增强。

分析

结合法与政治的关系进行分析。

一、法与政治

（一）政治的含义

马克思主义认为,政治是人类社会发展到一定阶段的产物,它随着阶级的产生而产生并将随着阶级的消亡而消亡;政治与一定的生产方式相联系,它源于经济,服务于经济。政治与经济的关系是生产力和生产关系、经济基础和上层建筑之间的关系在现实生活中的反映,国家政权问题是政治的核心问题和根本问题。政治是一定社会主体为了维护或反映国家政权而进行的,处理阶级关系、政党关系及其他有关社会关系的活动。

□ **知识链接**

在中国,政治作为一门学问,它有着悠久的历史。孔子曰："政者,正也。"他把政治作为一种理想的社会价值追求,一种规范的道德。韩非子曰："先王所期者利也,所用者力也。"他直言不讳地认为政治就是用权。

（二）法与政治的关系

法与政治既有共同点,也有不同点。共同点表现为：法与政治都是一定经济基础之上的上层建筑,都根植于和服务于一定的经济基础,都在为统治阶级服务。不同点表现在以下三个方面。

（1）政治可以反映在法上,而不是所有的法都在反映政治。法除了反映政治,还执行着社会的公共职能,调整社会公共事务领域内所发生的社会关系。

（2）政治的核心是权力,而法的核心是权利。虽然权力运用得当可以为实现权利创造有利的条件,但权力往往会造成对权利的侵害,因此,可以通过实施法捍卫权利。

（3）政治多变、灵活,法稳定、保守。与政治相比,法具有一定的滞后性、保守性。

二、法与国家

（一）国家的含义

国家是指国家政权和行使政权的国家机构体系,是由许多专门从事管理的人组成的机构综合而成的复杂的、有机的统一整体。一般认为,国家有四个要素:第一,有固定的居民;第二,有一定领域范围的领土;第三,有系统的国家政治组织,它们兼具政治职能和社会职能;第四,具有主权。上述四个要素缺一不可。

□ **知识链接**

我国古代的国家观认为,国家是由土地、人民、社稷三要素组成。国家是统治权力的依托与象征,主张"家天下"、家国一体化,奉行"普天之下莫非王土,率土之滨莫非王臣",因此,国家也是统治者的私产。

（二）法与国家的关系

政治的最高表现就是国家政权,因此,法与政治的关系必然会涉及法与国家的关系。实际上,法与国家是阶级社会上层建筑中关系最为密切的两种因素,两者都是由经济基础决定并对经济基础有最直接、最明显的反作用,法与国家在本质上是相同的,都具有为阶级统治服务的职能。法与国家的关系具体内容有以下两种:

一方面,法依赖于国家。表现为:① 法是由国家制定或认可的。法是国家意志的体现,只有掌握了国家政权的阶级才能把自己的意志上升为国家意志,并在社会上得到普遍的遵守。② 法的实施依靠国家的强制力。法是由国家强制力保证实施的,法制定出来后要求社会全体成员普遍遵守,依靠国家机器的暴力作为后盾。同时法的性质取决于国家的性质,其形式也受到国家形式的影响。

另一方面,国家没有法就不能存在。理由如下:① 法是确认国家权力的重要表现形式。掌握政权的统治阶级以及其他各阶级在法律上的地位、国家经济制度、政治制度、管理形式等都需要通过法律确定下来,把它们合法化,并为人们普遍遵循。② 法是执行国家职能的有效工具。国家职能是多方面的,有对内职能也有对外职能,都需要法保障其高效有序的行使,法是执行国家职能最重要的工具。③ 法是完善国家制度的必需手段,是增强国家机关行使权力权威的保障机制。

三、法与政策

(一) 政策的含义

政策作为执政党以及国家(政府)管理的重要工具,在社会生活中扮演着不可或缺的角色,也是法律在实施与运用时的重要助手。政策通常是指党的政策,即一定政党或其他组织为达到一定时期的政治目标,处理国家事务、社会公共事务而提出并贯彻的路线方针、规范和措施的总称。政策可以由国家机关、政治团体、组织以及政党等不同的主体提出。

我国的政策类型主要有政党政策和国家政策。

(二) 法与政策的关系

1. 法与政策的异同点

(1) 法必须以公开的形式向全社会颁布和执行,因为法是由立法机关依照法定的职权和程序制定的规则;党的政策表现为党的文件,体现党的意志,可以采取公开或内部两种形式。

(2) 法是以明确规定权利义务的规则为主、原则性的规定为辅;政策多是以原则性的规定组成的。

(3) 法对任何违反者都进行制裁,具有普遍适用的效力;政策主要依靠宣传教育和党纪保证实施,党纪只适用于党内。

(4) 法具有较高程度的稳定性,政策具有较大的灵活性。

2. 法与政策的相互作用

(1) 政策对法具有指导作用。中国共产党是我国的领导核心,我国宪法也明确规定了党在国家政治生活中的领导地位。党的政策是在马克思主义的指导下,根据我国国情和党面临的任务,总结人民群众的实践经验制定出来的,它反映了社会发展的客观规律,因此,法的制定和实施必须以党的政策为指导。

(2) 法对政策具有保障和制约作用。法通过强制力有效地促进和保障政策的实施,没有法的实施,仅仅依靠政策自身的力量,往往达不到它所贯彻实施的目的。《宪法》明确规定:"一切国家机关和武装力量、各政党和各社会团体、各企业事业组织,都必须遵守宪法和法律,一切违反宪法和法律的行为,必须予以追究。"

第三节　法 与 道 德

孙某早年与妻子吕某离婚,儿子小强随吕某生活。小强15岁时,其祖父去世,孙某让小强参加葬礼。小强与祖父没有感情,加上吕某阻挡,未参加葬礼。从此,孙某就不再支付小强的抚养费用。吕某和小强向当地法院提起诉讼,请求责令孙某承担抚养费。在法庭上,孙某提出不承担抚养费的理由是,小强不参加其祖父葬礼属不孝之举,天理难容。法院没有采纳孙某的理由,而根据我国相关法律判决吕某和小强胜诉。

如何平衡本案中法与道德的冲突?

法与道德都是调整人们行为的规范,法治通过评价人们的行为是否合法来规范人们的行为,道德通过评价人们的行为是否符合道德来规范人们的行为。二者在社会生活中共同发挥着作用。虽然道德对立法具有指导作用,是评价法律善与恶的标准,但二者仍有不一致的地方,法律仅仅是最低限度的道德。

一、道德的含义

汉语中的"道"与"德"最早是哲学的一对范畴。"道"原指人们行走的道路,引申为自然规律和社会发展规律;"德"指因道而得到的规律或性质,通过对道的认识和修养而有得于己。英语中的"道德"(ethic 和 moral)源于拉丁语的"ethos"和"mos",意为习俗和习惯。道德在以后的发展,内容远不限于习俗和习惯。在后来的使用中,道德还包含着行为准则和规范、道德意识和道德行为等诸多内容。道德是一种社会现象,是由经济关系最终决定、按照善恶标准来评价并依靠社会舆论、内心信念和传统习惯维持的规范、原则和意识的总称。

二、法与道德的关系

(一)法与道德的联系

法与道德作为社会规范在功能上相辅相成,共同调整社会关系,法与道德的联系可以概括为三种情况。

1. 互相渗透

法贯穿着道德精神,它的许多规范都是根据道德原则或规范制定的,而道德的内容又从法中吸取,特别是在价值层面,两者难以分割。

2. 互相制约

道德通过正当性评价,推动和引导法的立改废以及实施;法通过立法和实施,促进道德的完善,两者相互影响、互相制约。

3. 互相保障

两者的互相保障主要表现为存在和功能上的相互促进和互为条件,如法维护与其一致的道德存在和加强其作用,道德则为法提供存在的正当性并以道德秩序保证法发挥作用。

(二) 法与道德的区别

法与道德虽然有密切的联系,但它们毕竟是上层建筑的不同部分,是性质不同的两种规范体系,各有自己的特征。它们的区别主要表现在以下六个方面:

1. 两者起源的时间不同

道德在原始社会作为独立的或与宗教、习俗相混合的形态而存在。但国家的法,是在一定的社会阶段出现的,一般认为,奴隶制国家才出现法,国家和法两者同时产生,同时消灭。

2. 两者的表现形式不同

道德通常是约定俗成的,存在于人们的思想和观念之中,即使通过文字表述,以诸如社团章程、公约、守则、决议等形式存在,其内容也是比较原则、抽象的,其制定、修改和废除的程序也很不严格。道德有多种多样的表现形式,如律师职业道德、医生职业道德、教师职业道德、商业道德、社会舆论等(图9-2)。社会主义道德往往缺乏准确的、正式的表现形式,通常只是指出人们应做出或不应做出某种行为的一般原则。法律是作为国家制定或认可的规范而存在的,表现在立法机关所制定的宪法、法律、法规、决议和条例等具体的规范性文件中,它们的制定、修改和废除都有严格的程序规定。

图9-2　公交车上的一幕

3. 两者的具体内容规定不同

一般地说，法律的内容比较具体、明确、肯定，既规定人们的义务，也规定人们的权利，而且通常以权利义务的一致性作为条件。道德的内容则不同，它侧重于人们的义务而不是权利，也不要求权利义务的一致性。因此，在法学上有一种看法，说法律具有"两面性"，既重权利又重义务；而道德仅具有"一面性"，只重视义务。

4. 两者实现的方式和手段不同

道德的实施，不是凭借国家的强制力，而主要是依靠社会舆论和传统的力量以及人们的自觉维护。可见，道德的强制是一种精神上的强制，道德正是以此来调整人们的行为的。法律则不同，它的实施，要依靠国家强制力保证，以国家机器为后盾，通过外在的强制——法律制裁来强迫人们遵守。

5. 两者违反的后果不同

违反法律者将承担法律责任，受到法律明确规定的制裁。违反道德者通常受到社会舆论的轻蔑、批评谴责，如果他是某个组织的成员，还可能同时受到所在组织或群体的处分。道德制裁是由社会直接实施的，而不需要像违反法律那样，经由一定的程序，并由特定的机构实施。

6. 两者调整的范围不同

法律并非对一切社会关系都加以调整，一般地说，它只调整那些对建立正常社会秩序具有比较重要意义的社会关系。在调整社会关系的广度上，道德远远超过法律，可以说任何社会交往和人际关系都或多或少地受道德的调整。因此，法律不加干预的某些行为，如不关心家人、不尊敬长者等行为，都会受到道德的谴责。总之，在法律上无过错，不等于在道德上无可指责；相反，不道德的行为，不一定是违法行为。

（三）法与道德的冲突

法与道德的冲突主要表现在两个方面：一是如何解决合法的道德恶行，即合法不合理的问题；二是如何解决从法的角度判断为非法，但在道德上却是可以进行的行为，即合理不合法的问题（图9-3）。

图 9-3　扶与不扶

法律与道德存在一定程度上的不一致,具体表现在:第一,法律许可而道德不许可。如时效制度,可以因时效的完成取得他人的权利或者免除应尽的义务;道德则要求见利思义。第二,道德不反对而法律不许可。如为亲复仇,道德上将其视为孝举;而法律则禁止。第三,道德极端反对而法律没有明确的禁止。

法与道德的矛盾和冲突有助于我们认识法与道德各自的特点,从而对两者有更加全面的理解。法与道德的关系问题并不单纯是一个理论问题,而是具有更深刻的法律实践价值。在立法和司法中存在着大量亟待解决的法与道德冲突的问题,立法者和司法者都在竭力寻找解决问题的最佳方案,尽管这在事实上很难做到。

三、依法治国与以德治国的结合

在现代社会建设过程中,法律作用的加强并不意味着道德作用的削弱,两者不存在"此消彼长"的关系,而是密切联系,彼此指出。依法治国与以德治国相辅相成,是中国特色社会主义法治的重要特点之一。实现以德治国的核心是践行社会主义核心价值观,将社会主义核心价值观融入社会生活的各个方面。

依法治国与以德治国的有机结合主要表现在如下三个方面:

(1) 依法治国有赖于道德支撑。法律规范必须要有道德基础,没有道德基础,法律规范必然会蜕变成立法者的专横、任意。

(2) 法律和道德相互配合才能达到良治。近年来,我国社会主义精神文明建设和法制建设的经验表明,凡是社会主义精神文明建设做得好的地方,社会风气好,人际关系和谐,犯罪率低;凡是社会主义精神文明建设做得不好的地方,社会矛盾激化,人际关系紧张,社会风气腐败、犯罪率高。

(3) 道德建设在一定程度上弥补法律调整的不足。有些社会生活领域应该由法律调整,但由于某些原因,法律没有做出明确规定。在这些领域加强道德调整有助于弥补法律调整的不足,同时也为以后制定法律准备了条件。比如市场经济中采用不正当竞争手段,不是着眼于降低成本、提高质量、增强效益,而是搞不正之风和地方保护主义,对于这些人,尤其需要加强思想道德教育。

第四节　法与科学技术

引例

2018 年 8 月,腾×公司在其网站上首次发表了标题为"午评:沪指小幅上涨 0.11% 报 2671.93 点 通信运营、石油开采等板块领涨"的财经文章,末尾注明"本文由腾×机器人 DREAMWRITER 自动撰写"。同日,盈×科技公司在其运营网站发布了相同文章。腾×公司认为,涉案文章作品的著作权应归其所有,盈×科技公司的行为侵犯其信息网络传播权并构成不正当竞争。

请问:人工智能自动生成的文章是否构成作品?

分析

可从法与科学技术的角度进行分析。

一、科学技术的含义

科学是人类所积累的关于自然、社会和思维的知识体系,是对世界的系统性的认识和理解。技术则是作为一种工艺和技巧存在,根据自然科学原理和生产实践为经验,为某些目标而协同组成的工具、设备、技术和工艺体系。科学是发现,是技术的理论指导;技术是发明,是科学的实际运用。随着科学技术的发展,科学与技术的关系密切,二者在原有意义上的区别已经消失。高科技的特点就是科学的技术化、技术的科学化。

二、法与科学技术的关系

(一) 科学技术对法的影响

首先,科学技术影响法的内容,成为法律规定的重要依据。科学技术进步所形成的新的科学知识,不断被运用到法律领域,成为法律规定的重要科学依据。

其次,科学技术的发展扩展了法律调整的领域。在科学技术的研究发明和推广应用的实践活动中出现的大量新的社会关系需要法律规范的调整。

再次,科学技术的发展引起了有关的传统法律概念和原则的变化。在立法方面,随着科技的发展,科学技术知识内容的立法所占的比重不断增加,而这类专业性、技术性比较强的立法任务要求立法者具备一定的专门性的科学文化知识,国家立法机关的一般成员难以满足这种要求,因此,需要将这类立法工作委托给专门的机关或人员,这导致"委托第三方起草"范围的不断扩大。

此外,科学技术的发展完善法律调整机制,为立法、执法提供新的技术和手段,对法的制定和实施的法律调整机制产生重大影响。

最后,科学技术的发展也影响了法学教育、法制宣传和法学研究的方式和内容,促进法学教育、法制宣传和法学研究方式和内容的更新和发展。

面对突如其来的新型冠状病毒肺炎疫情，2020 年，很多法院纷纷采用"云法庭"即线上审判的方式来审判案件。截至 2021 年 7 月 10 日，在中国庭审公开网上公开审理的案件有 1 300 多万件。请思考线上审判案件有什么作用？

分析

网络庭审采用新科技，最大限度地减少了因人员聚集、路途往返可能增加的感染风险，拓宽了司法便民利民新渠道，为防控疫情提供了有效的司法保障，同时还能起到更广泛的社会监督、加强社会普法教育的作用。

（二）法对科学技术的作用

1. 法对科学技术起着引导、协调与管理的作用

法对科学技术起着引导、协调与管理的作用，其中最重要的是国家以法律的形式确认科学技术在各项事业中的优先发展战略。无论是发达国家还是发展中国家，都已普遍认识到国家要提高综合国力，离不开科学技术的发展。各国都依法不同程度地确认和保证科学技术在国家社会生活中的有限地位，对科学技术的发展制定方针政策，建立相应的科学技术管理制度，对科学技术发明创造进行奖励。

2. 法对科学技术成果的合理使用和利益关系进行保障和调整

科学技术成果的合理使用和推广不仅是一个技术问题，还包括许多社会问题，如科学技术成果的发明人和发现人的权利应如何得到确认和保障，科学技术成果如何推广，等等。法对科学技术领域产生的利益关系的调整，目前主要是通过知识产权法来进行。

3. 法对科学技术带来的负面后果进行防范

科学技术是一柄双刃剑，它既能够造福于人类，也可能产生负面结果。如科学技术成果可能被犯罪分子利用，从事高科技犯罪。对于科学技术成果的推广和运用，法要"惩恶扬善"，在促进科学技术成果产生和保护科学技术成果利益的同时，也要防范科学技术带来的负面后果。

第五节　法与生态文明

三清山巨蟒峰损毁案

张某明、毛某明、张某等三人携带电钻、岩钉等工具攀爬三清山巨蟒峰。张某明使用电钻在巨蟒峰岩体上钻孔，再用铁锤将岩钉打入孔内。经勘查，张某明在巨蟒峰上打入岩钉26个，对巨蟒峰地质遗迹点造成了严重损毁。

试问：张某明三人的行为是否违法？

结合法与生态文明的角度来思考。

一、生态文明的含义

生态文明指的是人类在物质生产和精神生产中充分发挥人的主观能动性，按照自然生态系统和社会生态系统运转的客观规律建立起来的人与自然、人与社会的良性运行机制、和谐协调发展的社会文明形式。生态文明建设就是促使自然生态系统和社会生态系统的最优化和良性运行，实现生态、经济、社会的可持续发展。

二、法与生态文明的关系

（一）生态文明对法提出了新挑战

建设生态文明是关乎民族未来的大计，是实现中华民族伟大复兴中国梦的重要内容。习近平总书记在谈到环境保护问题时指出："我们既要绿水青山，也要金山银山。宁要绿水青山，不要金山银山，而且绿水青山就是金山银山。"这生动形象表达了我们党和政府大力推进生态文明建设的鲜明态度和坚定决心。要按照尊重自然、顺应自然、保护自然的理念，贯彻节约资源和保护环境的基本国策，把生态文明建设融入经济建设、政治建设、文化建设、社会建设各方面和全过程，建设美丽中国，努力走向社会主义生态文明新时代。

改革开放以来，我国坚持以经济建设为中心，推动经济快速发展起来，在这个过程中，我们强调可持续发展，重视加强节能减排、环境保护工作。但也有一些地方、一些领域没有处理好经济发展同生态环境保护的关系,以无节制消耗资源、破坏环境为代价换取经济发展,导致能源资源、生态环境问题越来越突出。比如,能源资源约束强化,石油等重要资源的对外依存度快速上升;水土流失、土地沙化、草原退化情况严重;一些地区由于盲目开发、过度开发、无序开发,已经接近或超过资源环境承载能力的极限;温室气体排放总量大、增速快;等等。这种状况不改变,能源资源将难以支撑、生态环境将不堪重负,反过来必然给经济可持续发展带来严重影响,我国发展的空间和后劲将越来越小。习近平总书记指出:"我们在生态环境方面欠账太多了,如果不从现在起就把这项工作紧紧抓起来,将来会付出更大的代价。"

目前我国与生态经济直接相关的法律主要有:《中华人民共和国循环经济促进法》《中华人民共和国清洁生产促进法》《中华人民共和国节约能源法》《中华人民共和国可再生能源法》《中华人民共和国矿产资源法》《中华人民共和国煤炭法》《中华人民共和国农业法》等,在法规和规章层面,正在酝酿或已进行试点的规定有绿色金融、绿色证券、绿色保险等。

未来在发展生态文明方面需要着力加强立法保障的措施有以下七种。

第一,加强资源的综合利用和再生利用,推进工业"三废"综合利用项目建设。

第二,全面推行清洁生产,从源头上减少资源消耗和环境污染,支持企业开展 ISO 14000 环境管理体系认证,鼓励开展清洁生产审核,建立重点污染企业及使用或排放有毒有害物质企业的强制性清洁生产审核制度。

第三,大力发展循环经济。

第四,调整产业结构,实施主体功能区规划和生态环境功能区规划,根据资源环境承载能力,确定不同区域的主体功能,统筹谋划人口分布、经济布局、国土利用和城市化格局;大量发展绿色产业,发展金融、物流、旅游、会展、信息、咨询、文化创意等现代服务业。

第五,加强能源资源节约,大力发展低碳技术,全面推进国民经济各领域、生产生活各环节的节能。

第六,发展绿色产品。鼓励企业积极开展环境标志认证和国际绿色认证。

第七,大力建设"绿色财税、绿色金融"制度,完善投融资体制和财税金融扶持政策。

（二）法对生态文明的作用

1. 法调整和平衡由生态问题带来的各种利益关系

调整竞争中的利益关系,调整各竞争主体与自然的关系是解决生态问题的一项基本原则。生态问题不仅是一个国内问题,也是一个国际问题,因此,法不仅要处理由于生态问题带来的国内人与人之间、地区与地区之间的利益冲突,处理环境保护与经济发展之间的关系;也要处理国与国之间因为生态问题产生的矛盾和纠纷,平衡国家之间的利益,特别是不发达国家与发达国家之间的利益关系。

2. 法保护自然和促进可持续发展

保护自然和促进可持续发展是我们的义务,这个义务不仅是对同代人的义务,也是对后代人的义务,它是生态文明时代法律制度的一项非常重要的原则,主要是通过保护法律体系来实现。我国现行的环境保护法体系是以宪法关于环境保护的规则、依据,由人民代表大会及其常委会以及享有行政法规和规章制定权的行政机关按照法定程序,制定、颁布的关于保护和改善环境,防止污染和其他公害的法律规范和环境法构成的体系。

3. 法确认和保护生态文明成果

法应当确认人们已经总结的正确处理人与自然关系的原则,确认重要的环境保护技术标准和操作程序,确认特殊保护范围,如区域、物种等,激励创造和推广治理受害的环境和建设优良环境的措施。总之,需要用法的手段确认已经获得的生态文明成果,使其具有实施法的效力,以促进生态文明的发展,解决现有资源的保护问题,治理受害环境并建设优良环境。

□ 知识链接

为了保护和改善环境,减少污染物排放,推进生态文明建设,第十二届全国人民代表大会常务委员会第二十五次会议于 2016 年 12 月 25 日通过《中华人民共和国环境保护税法》,自 2018 年 1 月 1 日起施行。 第 2 条规定: 在中华人民共和国领域和中华人民共和国管辖的其他海域,直接向环境排放应税污染物的企业事业单位和其他生产经营者为环境保护税的纳税人,应当依照本法规定缴纳环境保护税。

■ 本章小结

法不是孤立存在的,它与各种社会现象都有密切的联系,其中法与经济基础的关系最为密切;同时法与市场经济也是紧密相连,法从多个层面为市场经济的发展保驾护航。 在我国,法与国家、政党政策也有着密切的关系。 国家是法存在的基础。 法治与德治既有区别又有联系,两者相辅相成。 另外,法与科学技术、生态文明也是相辅相成的,科学技术、生态文明对法的制定、发展等方面都产生影响。

■ 思考与练习

一、 单项选择题

1. 法对于经济基础具有能动的反作用,并且通过(   )反作用于生产力。

   A. 生产关系   B. 生产方式

   C. 科学技术   D. 市场经济

2. 政治是个社会范畴,是阶级社会里特有的现象,其核心问题是(   )。

   A. 阶级斗争   B. 社会管理

   C. 政权   D. 人民

3. 法律具有"两面性"，而道德仅具有"一面性"是指（   ）。

    A. 法律既重权利又重义务而道德只重视权利

    B. 法律既重权利又重义务而道德只重视义务

    C. 法律既不重权利又不重义务而道德只重视权利

    D. 法律既不重权利又不重义务而道德只重视义务

4. 科学技术作为（   ），其发展离不开法的引导、规范和保障。

    A. 生产关系   B. 生产力

    C. 第一生产力   D. 社会现象

二、多项选择题

1. 法作为市场经济宏观调控的工具，其作用有（   ）。

    A. 引导作用   B. 协调作用

    C. 促进作用   D. 保障作用

2. 2020 年 1 月 8 日，湖南省长沙市芙蓉区人民法院正式启用"电子封条"。这种"智能电子封条监控系统"，相比传统查封张贴纸质封条而言，不会脱落，且更加醒目，还自带警报功能。任何人走近或触碰，"电子封条"都会自动摄影摄像，将信号发送到执行法官的手机终端，使执行人员及时知悉查封被破坏而快速采取措施打击违法行为。关于"电子封条"的表述，说法正确的有（   ）。

    A. "电子封条"是科技进步的表现

    B. "电子封条"能震慑被执行人，能有效促使被执行人早日履行义务

    C. "电子封条"会增加法院成本

    D. "电子封条"是区块链技术与执行工作的新结合，是对智慧法院建设的有益探索

3. 法对生态文明的作用主要有（   ）。

    A. 调整由生态问题带来的各种利益关系

    B. 平衡由生态问题带来的各种利益关系

    C. 法确认和保护生态文明成果

    D. 保护自然和促进可持续发展

4. 《中华人民共和国反食品浪费法》由中华人民共和国第十三届全国人民代表大会常务委员会第二十八次会议于 2021 年 4 月 29 日通过，自公布之日起施行。下列说法正确的有（   ）。

    A. 《中华人民共和国反食品浪费法》是为了防止食品浪费，保障国家粮食安全，弘扬中华民族传统美德，践行社会主义核心价值观

    B. 《中华人民共和国反食品浪费法》可以节约资源，保护环境，促进经济社

会可持续发展

    C. 节俭的品格需要道德约束，法治不能改变人们的思想意识

    D.《中华人民共和国反食品浪费法》体现了法治与德治的相互结合

三、判断题

（   ）1. 法从产生那时起，就从未受着生产力发展水平的影响、促进和制约。

（   ）2. 法不受政治的制约，也对政治没有任何影响。

（   ）3. 国家离不开法，没有法不成其为国家。

（   ）4. 科学技术影响法的内容，成为法律规定的重要依据。

四、名词解释

1. 道德

2. 生态文明

五、简答题

1. 政治对法的作用表现在哪些方面？

2. 依法治国与以德治国的有机结合表现在哪些方面？

3. 法对科学技术的作用有哪些？

六、实践训练题

围绕"法治与德治谁更重要"这一主题举行一场辩论赛。

第十章　依法治国，建设社会主义法治国家

第一节　法治的含义

引例

　　自《劳动合同法（草案）》在中国人大网征求意见以来，已有240部法律通过网站公开征求意见，140多万人提出500多万条意见。

　　2020年，在《未成年人保护法（修订草案）》征求意见时，一些中学生提出修改意见，包括课外补习班、教师惩戒权、预防青少年沉迷网络等问题。当时法律草案二审稿规定监护人不尽监护责任，可以责令缴纳和征收保证金。学生们提出：每个未成年人家庭经济条件不同，如进行经济处罚，可能会加重一些家庭的负担，反而不利于未成年人的成长，建议以教育为主。全国人大法工委研究后，采纳了这一意见，删除了缴纳和没收保证金的规定。

　　试问：如何加强法治建设？

分析

　　普通民众参与立法工作的权利得到充分保障是民主立法的充分体现，是全过程人民民主的生动实践，为法治建设打下良好的基础。

一、法治的概念

法治是一种源远流长的意识形态、治国方略和社会文化现象,古今中外不同时代的人们对其给出了不同的理解。从现有的资料看,法治这一概念有不同的表达方式,在中文里有"法治主义""以法治国""依法治国"等。在西方有 rule of law(法的统治)。在各种不同的表达方式中,我们可以看到"法治"一词至少具有以下四种社会内涵和意义。

(一) 法治意指一种治国方略或社会调控方式

法治作为一种治国方略或社会调控方式,指的是国家在诸多社会控制手段中选择法律作为主要控制手段。在中国古代先秦诸子和古希腊哲学家的论著中,最早提出了这种"法治"的观念。如《管子·明法》中有"以法治国,则举错而已"、《商君书·任法》有"任法而治矣"、《韩非子·心度》有"治民无常,唯治为法"。亚里士多德也主张"法治优于一人之治"。他们都把法治当作一种治国方略或社会调控方式。当前我国的治国之策——"依法治国,建设社会主义法治国家",也是在这一意义上使用法治概念的。

(二) 法治意指一种依法办事的原则

法治作为一个动态的或能动的社会范畴,其基本意义是指依法办事。也就是说,在制定了法律之后,任何个人和组织的社会性活动均应该受到既定法律规则的约束,人人平等地依法办事是法治的基本要求和标志。法治精神的核心是政府机关及其工作人员严格依法办事,只有政府官员严格依法办事,接受法律的约束,才有法治可言。正如英国著名学者哈耶克所说:"法治的意思就是指政府在一切行动中都受到事前规定并宣布的规则的约束——这种规则使得一个人有可能十分肯定地预见到当局在某一情况中会怎样使用它的强制权力,和根据对此的了解计划他自己的个人事务。"

(三) 法治意指良好的法律秩序

无论是作为治国方略,还是作为依法办事的原则,法治最终要表现为一种良好的法律秩序。达到某种良好的法律秩序,既是法治的目标和结果,也是检验一个国家是否厉行法治的一个重要指标。

法律秩序是法律规范实行和实现的结果,是法治社会的一种基本追求和向往。社会和法律进化的规律之一就是从无序到有序的转换,从一种秩序到另一种秩序的更新。历史不断地表明,有序社会总要比无序社会更有助于人类的正常生活。在法治社会,法律秩序尤其受到人们的关切和重视,可以用来作为一种重要的尺度,用以衡量法治的水平、质量和规模,包括法治过程中的缺陷。法律秩序的合理化、合法化及稳定性的程度越高,越是标志法治的成功;相反,法律秩序如果扭曲化、形式化,法律体系的合理性、公正性或法律秩序受到严重侵犯和破坏,则说明法治存在内在的弊端或不同程度的危机。

（四）法治代表着某种具有价值规定的社会生活方式

法治不是单纯的法律秩序，而是一种理想的社会生活状况。不是任何一种法律秩序都称得上是法治状态，法治是有特定价值基础和价值目标的法律秩序，即有价值规定性的生活方式。就现代社会来说，法治的价值基础和取向至少应该包括以下四点。

（1）法律必须体现人民主权原则，必须是人民根本利益和共同意志的反映，并且以维护和促进全体人民的综合利益为目标。

（2）法律必须承认、尊重和保护人民的权利和自由。

（3）法律面前一律平等。

（4）法律承认利益的多元化，对一切正当的利益施以无歧视性差别的保护。据此解释，如果某个法律制度或法律秩序缺乏这些最低限度的价值基础和目标，就不能称为法治。

综上所述，现代意义的法治概念，通常是指国家奉行"法律之治"、依法治国的一种治国根本理念，一种严格实施和遵守良法的国家治理制度，一种基于法律有效实施而形成的社会生活秩序。

□ 知识链接

亚里士多德提出"法治代表着某种具有价值规定的社会生活方式"。他说："法治应该包含两重意义：已成立的法律获得普遍的服从，而大家所服从的法律又应该本身是制定的良好的法律。"亚里士多德是提出"法治"思想的第一人。

二、法治与法制

法治和法制这两个概念既相似又有实质区分，近现代意义上的法治是民主基础上的法治，是以奉行法律至上为前提的法治原则，这一原则把法看作国家权力的来源，是建立法制的根本性依据。一般而言，有法制不一定有法治，但有法治必定有法制。

二者的区别表现如下。

（1）法制是法律制度的简称，属于制度的范畴，是一种实际存在的东西；而法治是法律统治的简称，是一种治国原则和方法，是相对于"人治"而言的，是对法制这种实际存在东西的完善和改造。

（2）法制的产生和发展与所有国家直接相联系，在任何国家都存在法制；而法治的产生和发展却不与所有国家直接相联系，只在民主制国家才存在法治。

（3）法制的基本要求是各项工作都法律化、制度化，并做到有法可依、有法必依、执法必严、违法必究；而法治的基本要求是严格依法办事，法律在各种社会调整措施中具有至上性、权威性和强制性,不是当权者的任性。

（4）实行法制的主要标志,是一个国家从立法、执法、司法、守法到法律监督等方面,都有比较完备的法律和制度;而实行法治的主要标志,是一个国家的任何机关、团体和个人,包括国家最高领导人在内,都严格遵守法律和依法办事。

二者的联系表现如下。

法制是法治的基础和前提条件,要实行法治,必须具有完备的法制;法治是法制的立足点和归宿,法制的发展前途必然是最终实现法治。

> □ **知识链接**
>
> "法制"一词,中国古代就已经出现,"命有司,修法制,缮囹圄,具桎梏";而"法治"概念,中国古代似未使用,尽管春秋战国时期发生了大规模的儒法之争,法家提出过"任法而治""以法治国"的思想,但并未形成法治概念。所谓中国古代人治与法治之争,乃后人的总结。据考,我国最早宣传并明确提出法治概念的是梁启超先生。

三、法治与人治

人治作为一种治国理念和方式,是指一种依靠领导人或统治者的意志来管理国家和社会,处理社会公共事务的治国方略、方式。古希腊柏拉图所主张的"贤人政治"、中国儒家所主张的"为政在人"就是人治。而法治是与人治对立的一种治国方略。

近代以来,法治与人治的对立主要表现为民主与法制、主权在民与主权在君、法律与当权者个人意志之间的对立。总体来说,人治与法治的对立主要有以下几个方面:主体上,法治是众人之治(民主政治),人治是一个或几个人之治(君主专制或贵族政治);法治依据的是反映人民大众意志的法律,人治则依据领导者个人的意志;当法律与当权者个人的意志发生冲突时,法治国家中的法律高于个人意志即"人依法",而人治国家中则是主权者个人意志大于法律即"法依人"。

> □ **知识链接**
>
> 在古希腊,法治强调法律的理性及其一般指引作用,人治则强调圣贤的智慧及其解决具体问题的个别指引作用。

第二节　依法治国

顺义区大孙各庄镇村民崔某在村里盖房,被镇政府认定为违章建筑,予以强拆。崔家人起诉镇政府索赔 40 余万元,顺义区法院行政庭开庭审理了此案。此前,崔家申请行政复议,顺义区政府以镇政府的行为违反了《行政强制法》关于复议期间不得实施强制拆除行为的规定为由,确认了镇政府的强拆行为违法。

试问:法律如何保障老百姓的权利?

分析

即使崔某的房子确为违章建筑,镇政府在执法的过程中也要告知其做出处罚的依据、事实和理由,保障崔某的陈述权和申辩权;也应该严格遵守法定的程序,否则也将被判定违法。注重程序,尊重权利,是政府机关执法的基本要求。

一、依法治国的含义

我国宪法规定:"中华人民共和国实行依法治国,建设社会主义法治国家。"依法治国是党领导人民治理国家的基本方略,即广大人民群众在党的领导下,依照宪法和法律规定,通过各种途径和形式管理国家事务,管理经济文化事业,管理社会事务,保证国家各项工作都依法进行,逐步实现社会主义民主的制度化、法律化,使这种制度和法律不因领导人的改变而改变,不因领导人的看法和注意力的改变而改变。

这一科学界定表明依法治国包含三项基本原则:

一是坚持党的领导。这是我国人民民主专政的国体所决定的,也是建设中国特色社会主义的内在要求。坚持党的领导与依法治国之间不存在矛盾,两者是相互促进的。党是依法治国的倡导者,党领导人民制定法律,并在宪法和法律的范围内活动。坚持党的领导是依法治国的前提,依法治国将使党的领导在制度上和法律上得到保证。

二是发扬社会主义民主。依法治国是发展社会主义民主政治的基本要求。邓小平同志指出:"要加强民主就要加强法制。没有广泛的民主是不行的,没有健全的法制也是不行的。"人民民主专政的国体和人民代表大会制度的政体决定了在我们国家,依法治国的主体是广大人民群众。国家的一切权力属于人民,宪法和法律是人民意志的集中体现。因此,依法治国是发展社会主义民主的重要途径和基本保障,而发扬社会主义民主是依法治国的重要政治基础。

三是严格依法办事。严格依法办事是依法治国的基本条件。作为党领导人民治理国家基本方略的依法治国的精神核心就是:宪法和法律是党领导人民管理国家各项事务的依据和准绳,党领导人民制定宪法和法律,并在宪法和法律的范围内活动。在这一精神下,严格依法办事包括两个方面的内容:首先是维护宪法和法律的权威,保障宪法和法律的尊严,坚持法律面前人人平等,任何人、任何组织都没有超越法律的特权,并使以宪法为基础形成的制度和法律,不因领导人的改变而改变,不因领导人的看法和注意力的改变而改变。其次是加强法制建设,从而真正做到有法可依,有法必依,执法必严,违法必究。

基于以上三项基本原则有机统一而形成的依法治国,是与发展社会主义民主政治,建设社会主义法治国家相适应的,它既同过去那种重人治不重法治的状况划清了界限,也同西方资本主义国家的法治划清了界限,是中国共产党领导人民治理国家的领导方式、执政方式和治国方略的重大进步。

二、法治国家的概念

与法治概念紧密相连的概念是"法治国家"。法治的实践,无论是作为一种治国方略,还是一种意识形态,都意味着社会管理结构的改革与制度模式的变迁。只有借助变革,法治才能从一种社会理念上升到统治领域,成为国家制度的基本原则,并将政治活动纳入法律的轨道。法治原则与国家制度的这种结合,宣告了近现代"法治国家"的诞生。

一般来说,"法治国家"这一概念主要在以下两种意义上使用:

第一,"法治国"(Rechtsstaat)。德文"Rechtsstaat"在英文中称为"law-based state",意指构筑在法律基础之上的国家。这一用法源于康德、费希特等近代德国思想家的政治学说,"法治国"思想与我们通常所说的"法治国家"理论有重大的区别,这种思想把法律看作强者的意志,不顾及法律本身的正义性,要求国民普遍的、严格的遵行,法律纯粹是一种工具。这种思想曾主导德国近代的宪政运动,并被纳粹所应用,造成了人类历史上的巨大灾难。因此,这种所谓的"法治国"的思想是我们应该摒弃的。

第二,法治主义国家。任何所谓的"法治国家",都带有其不可复制的历史和文化的特殊性。作为一种现代性的和更具有建设性价值的制度模式,现代的"法治国家"应更集中地表现为采纳和贯彻法治主义的国家。这种国家是依靠正义之法来治理国家与管理社会,从而使权力和权利得到合理配置的一种理想状态,是法治理念的实现。在中国,依法治国也是在这种意义上使用的,它不仅注重法律作为一种社会调控手段的作用,还注重法律内在的正义要求。

在当代社会主义中国,法治应当是民主、自由、平等、人权、理性、文明、秩序、效益与合法性的完美结合。据此意义,社会主义法治国家的基本标志应该是:第一,社会生活的基本方面和主要社会关系均应纳入法律治理的轨道。第二,法律建筑在尊重民主、人权和潜能,保护和促进经济增长、社会公平、社会秩序和社会进步的基础之上。第三,建立法律至上的信仰,树立法律权威,以法律约束政府的权力。第四,公民在法律面前一律平等,不因性别、种族、肤色、语言和信仰等特殊情况而有基本权利和义务的差别。第五,认真对待权利,公民的权利、自由和利益机会非经正当的法律程序和充足的理由不受剥夺,一切非法的侵害(不管来自个人或国家)都能得到公正、合理、及时的补偿。

三、全面推进依法治国,建设社会主义法治国家

(一)"全面推进依法治国,建设社会主义法治国家"的重要意义

依法治国,是坚持和发展中国特色社会主义的本质要求和重要保障,是实现国家治理体系和治理能力现代化的必然要求,事关我们党执政兴国,事关人民幸福安康,事关党和国家长治久安。

我们党高度重视法制建设。长期以来,特别是党的十一届三中全会以来,我们党深刻总结我国社会主义法制建设的成功经验和深刻教训,提出为了保障人民民主,必须加强法治,必须使民主制度化、法律化,把依法治国确定为党领导人民治理国家的基本方略,把依法执政确定为党治国理政的基本方式,积极建设社会主义法治,取得历史性成就。目前,中国特色社会主义法律体系已经形成,法治政府建设稳步推进,司法体制不断完善,全社会法治观念明显增强。

同时,必须清醒地看到,同党和国家事业发展要求相比,同人民群众期待相比,同推进国家治理体系和治理能力现代化目标相比,法制建设还存在许多不适应、不符合的问题,主要表现为:有的法律法规未能全面反映客观规律和人民意愿,针对性、可操作性不强,立法工作中部门化倾向、争权诿责现象较为突出;有法不依、执法不严、违法不究现象比较严重,执法体制权责脱节、多头执法、选择性执法现象仍然存在,执法司法不规范、不严格、不透明、不文明现象较为突出,群众对执法司法不公和腐败问题反映强烈;部分社会成员尊法信法守法用法、依法维权意识不强,一些国家工作人员特别是领导干部依法办事观念不强、能力不足,知法犯法、以言代法、以权压法、徇私枉法现象依然存在。这些问题,违背社会主义法治原则,损害人民群众利益,妨碍党和国家事业发展,必须下大力气加以解决。

(二)建设社会主义法治国家的历史进程

中国是一个具有五千年文明史的古国,中华法系源远流长。早在公元前21世纪,中国就已经产生了奴隶制的习惯法。春秋战国时期(公元前770—公元前221年),中国开始制定成文法,出现了自成体系的成文法典。唐朝(618—907年)时,中国形成了较为完备的封建法典,并为以后历代封建王朝所传承和发展。中华法系成为世界上独树一帜的法系,古老的中国为

人类法治文明做出了重要贡献。

1840年鸦片战争后,中国逐渐沦为半殖民地半封建的社会。为了改变国家和民族的苦难命运,一些仁人志士试图将近代西方国家的法治模式移植到中国,以实现变法图强的梦想。但由于各种历史原因,他们的努力最终归于失败。

在中国共产党的领导下,中国人民经过革命、建设、改革和发展,逐步走上了建设社会主义法治国家的道路。

1949年中华人民共和国的建立,开启了中国法制建设的新纪元。从1949年到20世纪50年代中期,是中国社会主义法制建设的初创时期。这一时期中国制定了具有临时宪法性质的《中国人民政治协商会议共同纲领》和其他一系列法律、法令,对巩固新生的共和国政权,维护社会秩序和恢复国民经济,起到了重要作用。1954年第一届全国人民代表大会第一次会议制定的《中华人民共和国宪法》,以及随后制定的有关法律,规定了国家的政治制度、经济制度和公民的权利与自由,规范了国家机关的组织和职权,确立了国家法制的基本原则,初步奠定了中国法制建设的基础。20世纪50年代后期以后,特别是"文化大革命"十年(1966—1976),中国社会主义法制遭到严重破坏。

20世纪70年代末,中国共产党总结历史经验,特别是吸取"文化大革命"的惨痛教训,做出把国家工作中心转移到社会主义现代化建设上来的重大决策,实行改革开放政策,并明确了一定要靠法制治理国家的原则。为了保障人民民主,必须加强社会主义法治,使民主制度化、法律化,使这种制度和法律具有稳定性、连续性和权威性,不因领导人的改变而改变,不因领导人的看法和注意力的改变而改变,做到有法可依,有法必依,执法必严,违法必究,成为改革开放新时期法制建设的基本理念。在发展社会主义民主、健全社会主义法制的基本方针指引下,《宪法》以及《刑法》《刑事诉讼法》《民事诉讼法》《民法通则》《行政诉讼法》等一批基本法律出台,中国的法制建设进入了全新发展阶段。

20世纪90年代,中国开始全面推进社会主义市场经济建设,由此进一步奠定了法制建设的经济基础,也对法制建设提出了更高的要求。1997年召开的中国共产党第十五次全国代表大会,将"依法治国"确立为治国基本方略,将"建设社会主义法治国家"确定为社会主义现代化的重要目标,并提出了建设中国特色社会主义法律体系的重大任务。1999年,将"中华人民共和国实行依法治国,建设社会主义法治国家"载入宪法。中国的法制建设揭开了新篇章。

进入21世纪,中国的法制建设继续向前推进。2002年召开的中国共产党第十六次全国代表大会,将社会主义民主更加完善,社会主义法制更加完备,依法治国基本方略得到全面落实,作为全面建设小康社会的重要目标。2004年,将"国家尊重和保障人权"载入宪法。2007年召开的中国共产党第十七次全国代表大会,明确提出全面落实依法治国基本方略,加快建设社会主义法治国家,并对加强社会主义法制建设做出了全面部署。2012年党的十八大报告将"全面推进依法治国"确立为推进政治建设和政治体制改革的重要任务,对"加快建设社会主义法治国家"做了重要部署。2014年10月中国共产党第十八届中央委员会第四次全体会议首次专题讨论依法治国问题,会议通过《中共中央关于全面推进依法治国若干重大问题的决定》。2020年11月16—17日,中央全面依法治国工作会议召开,会议首次提出习近平法治思想,并强调坚定不移走中国特色社会主义法治道路。

（三） 全面推进依法治国，建设社会主义法治国家的总目标

全面推进依法治国,总目标是建设中国特色社会主义法治体系,建设社会主义法治国家。这就是,在中国共产党领导下,坚持中国特色社会主义制度,贯彻中国特色社会主义法治理论,形成完备的法律规范体系、高效的法治实施体系、严密的法治监督体系、有力的法治保障体系,形成完善的党内法规体系,坚持依法治国、依法执政、依法行政共同推进,坚持法治国家、法治政府、法治社会一体建设,实现科学立法、严格执法、公正司法、全民守法,促进国家治理体系和治理能力现代化。

实现这个总目标,必须坚持以下原则:

1. 坚持中国共产党的领导

党的领导是中国特色社会主义最本质的特征,是社会主义法治最根本的保证。把党的领导贯彻到依法治国全过程和各方面,是我国社会主义法治建设的一条基本经验。我国宪法确立了中国共产党的领导地位。坚持党的领导,是社会主义法治的根本要求,是党和国家的根本所在、命脉所在,是全国各族人民的利益所系、幸福所系,是全面推进依法治国的题中应有之义。党的领导和社会主义法治是一致的,社会主义法治必须坚持党的领导,党的领导必须依靠社会主义法治。只有在党的领导下依法治国、厉行法治,人民当家做主才能充分实现,国家和社会生活法治化才能有序推进。依法执政,既要求党依据宪法法律治国理政,也要求党依据党内法规管党治党。必须坚持党领导立法、保证执法、支持司法、带头守法,把依法治国基本方略同依法执政基本方式统一起来,把党总揽全局、协调各方同人大、政府、政协、审判机关、检察机关依法依章程履行职能、开展工作统一起来,把党领导人民制定和实施宪法法律同党坚持在宪法法律范围内活动统一起来,善于使党的主张通过法定程序成为国家意志,善于使党组织推荐的人选通过法定程序成为国家政权机关的领导人员,善于通过国家政权机关实施党对国家和社会的领导,善于运用民主集中制原则维护中央权威、维护全党全国团结统一。

2. 坚持人民主体地位

人民是依法治国的主体和力量源泉,人民代表大会制度是保证人民当家做主的根本政治制度。必须坚持法制建设为了人民、依靠人民、造福人民、保护人民,以保障人民根本权益为出发点和落脚点,保证人民依法享有广泛的权利和自由、承担应尽的义务,维护社会公平正义,促进共同富裕。必须保证人民在党的领导下,依照法律规定,通过各种途径和形式管理国家事务,管理经济文化事业,管理社会事务。必须使人民认识到法律既是保障自身权利的有力武器,也是必须遵守的行为规范,增强全社会学法尊法守法用法意识,使法律为人民所掌握、所遵

守、所运用。

3. 坚持法律面前人人平等

平等是社会主义法律的基本属性。任何组织和个人都必须尊重宪法法律权威,都必须在宪法法律范围内活动,都必须依照宪法法律行使权力或权利、履行职责或义务,都不得有超越宪法法律的特权。必须维护国家法制统一、尊严、权威,切实保证宪法法律有效实施,绝不允许任何人以任何借口任何形式以言代法、以权压法、徇私枉法。必须以规范和约束公权力为重点,加大监督力度,做到有权必有责、用权受监督、违法必追究,坚决纠正有法不依、执法不严、违法不究行为。

4. 坚持依法治国和以德治国相结合

国家和社会治理需要法律和道德共同发挥作用。必须坚持一手抓法治、一手抓德治,大力弘扬社会主义核心价值观,弘扬中华传统美德,培育社会公德、职业道德、家庭美德、个人品德,既重视发挥法律的规范作用,又重视发挥道德的教化作用,以法治体现道德理念、强化法律对道德建设的促进作用,以道德滋养法治精神、强化道德对法治文化的支撑作用,实现法律和道德相辅相成、法治和德治相得益彰。

想一想:
依法治国和以德治国相结合是否等于"德主刑辅"?

分析问题

2岁的小悦悦在佛山南海黄岐广佛五金城相继被两车碾轧,7分钟内,18名路人路过但都视而不见,漠然而去,最后一名拾荒阿姨陈贤妹上前施以援手,引发网友广泛热议。 小悦悦经医院全力抢救无效而离世。

试问:法院能对18名路人进行制裁吗?

分析

不能,违反道德不一定受到法律的制裁。依法治国,约束制裁的是违法行为,以德治国,目的是提高广大人民群众的道德水平。

5. 坚持从中国实际出发

中国特色社会主义道路、理论体系、制度是全面推进依法治国的根本遵循。必须从我国基本国情出发,同改革开放不断深化相适应,总结和运用党领导人民实行法治的成功经验,围绕社会主义法制建设重大理论和实践问题,推进法治理论创新,发展符合中国实际、具有中国特色、体现社会发展规律的社会主义法治理论,为依法治国提供理论指导和学理支撑。汲取中华法律文化精华,借鉴国外法治有益经验,但决不照搬外国法治理念和模式。

（四）全面推进依法治国，建设社会主义法治国家的基本要求

1. 维护宪法的权威,保障宪法法律统一实施

在现代法治社会中,宪法是国家的根本法,具有最高的法律效力,其他一切法律法规必须以宪法为依据,不得与宪法相抵触,违宪的法律法规不具有法律效力;一切国家机关、社会组织和公民个人都必须以宪法作为基本的行为准则,不得有违反宪法的行为,任何组织和个人不得有超越宪法的特权。

宪法的权威怎么去维护? 党的十八届四中全会审议通过的《中共中央关于全面推进依法治国若干重大问题的决定》(以下简称《决定》)规定得比较明确,即全国各族人民、一切国家机关和武装力量、各政党和各社会团体、各企事业组织,都必须以宪法为根本的活动准则,并且负有维护宪法尊严、保证宪法实施的职责,一切违反宪法的行为都必须予以追究和纠正。《决定》还进一步完善宪法实施监督机制和程序建设。首先,要建立监督宪法实施的专门机构、机制和程序,要保证违宪行为在制度上有专门机构查处。其次,宪法的生命在于实施。最后,要建立维护宪法法律权威人人有责的机制,防止宪法实施只是国家机关或者只是全国人大及其常委会的事情。

□ 知识链接

2014 年 11 月 1 日,十二届全国人大常委会第十一次会议表决通过决定,将 12 月 4 日设立为国家宪法日。设定国家宪法日是为了增强全社会的宪法意识,弘扬宪法精神,加强宪法实施,全面推进依法治国;每年 12 月 4 日,国家通过多种形式开展宪法宣传教育活动。

---

2. 科学民主立法,完善法律体系

依法治国的前提是有法可依,经济社会的迅速发展和全面深化改革的推进,对加强和改进立法工作提出了新的要求。一些陈旧的法律条文已经落后于时代的需要,一些立法程序和法律质量都有待进一步提升,现存的法律体系从理论层面和实践层面都需要进一步完善。

完善的法律体系是建设法治中国的前提条件,其根本途径在于推进科学立法、民主立法。科学立法是全面落实依法治国基本方略、加快建设社会主义法治国家首要的、基础性的环节。立法中坚持从实际出发,从事物的规律出发,准确定位立法的社会目的。民主立法要求立法必须体现人民的意志和利益,在立法中充分发扬民主,充分反映民意,真正维护最广大人民群众的根本利益、把执政为民的理念通过法律的程序转化为具体的制度,让人民受益。

3. 深入推行依法行政,加快建设法治政府

经过多年的法制建设,我国的依法行政取得了很大的成就,但仍有一些问题较为突出,一是行政主体法治观念薄弱,官本位意识严重。二是行政立法难以满足行政的现实需要,行政立法重在规范行政相对方行为,政府行为的规范处于次要地位。三是行政机关内部管理体制及

办事程序体制存在漏洞,各部门之间的权力设置比较混乱,规范性文件制定和行政决策程序不规范,老百姓办事难。四是行政部门角色转变不明确,政府职能和管理模式转变仍然不到位,政府越位、缺位、错位问题依然相当严重。

十八届四中全会指出,法律的生命力在于实施,法律的权威也在于实施。为了深入推进依法行政,我们应该在以下方面做出努力,一是加强对行政人员的法治教育,建立系统的学习机制。自律的同时可以杜绝因无知导致的违法行为带来的麻烦。二是完善行政主体和行政程序法律制度,对行政主体强化职能,解决主体职能越位和缺位的问题,重程序,提出一套实际可行的程序操作,规范我们的行政行为。三是深化行政体制改革,合理配置行政职权。四是继续推进行政职能的角色转变。五是建立和完善依法行政的监督和制约机制。

4. 保证司法公平公正,提高司法公信力

深化司法体制改革,建设公正高效权威的社会主义司法制度,既是法制建设的重要内容,也是加快建设社会主义法治国家的重要保障。现阶段,我国社会的基本矛盾在司法领域表现为人民群众日益增长的司法需求与司法资源和司法能力不足的矛盾,受理案件每年都在增多,但司法公信力不高,关系案、人情案、金钱案时有发生。

党的十八届三中全会、四中全会做出了一系列重大部署,多措并举排除外部干扰。一是推动省以下地方法院、检察院人、财、物统一管理,维护社会主义法制统一,从根本上解决"司法地方化"的问题(图10-1)。二是设立跨行政区划的法院、检察院,科学构建普通案件在行政区划人民法院、人民检察院办理,特殊案件跨区办理的诉讼格局,排除地方保护主义的干扰。三是完善行政诉讼案件管辖制度。四是建立领导干部违法干预司法的记录、通报和责任追究制度。五是建立健全司法人员履行法定职责保护机制。

图 10-1　杜绝司法地方化

5. 加强全民守法，培养全社会的法律信仰

建设社会主义法治国家的目标需要全民守法去实现。十八届四中全会提出："必须弘扬社会主义法治精神，建设社会主义法治文化，增强全社会厉行法治的积极性和主动性，形成守法光荣、违法可耻的社会氛围，使全体人民都成为社会主义法治的重视崇尚者、自觉遵守者、坚定捍卫者"。全民守法是法制建设从传统走向现代、从理论走向实践、从精英走向大众的必然趋势。

培养公民法律信仰是一项长期、复杂的系统工程，培育全民法律信仰一是要加强公民的权利意识，二是要增强公民对法律价值的感受与认同，是培养公民法律信仰的原动力，这就需要法律的内容反映老百姓的价值追求，才能得到老百姓的普遍认同，继而遵守法律、尊重法律。三是要增强国家工作人员的法律信仰。四是通过传统媒体和网络媒体进行舆论导向和法治宣传，培养公民的法律情感。

6. 强化权力运行制约和权力监督

没有监督的权力和没有制约的监督都是危险的，处理好权力和依法行政的关系（图10-2），一是要不断完善立法，严格依法行使职权；二是要处理权力分工制衡的关系，强化立法监督和司法监督；三是要保证人民对权力的监督，扩大社会民众的参与度；四是要完善司法救济制度，扩大行政复议和行政诉讼的范围，解决"民告官"的难题；五是要加强和改善纪检监察功能，监控权力合法运行。

图 10-2　把权力关进笼子里

□ **知识链接**

习近平总书记在十八届中央纪委二次全会上的讲话指出："把权力关进制度的笼子里。""笼子"就是法律制度或者说权力制约的一种形象说法。 要把权力关进笼子里，就是要通过法治"关住"权力，要让权力始终在法律制度的框架内活动，充分利用现有的各项制度对权力的实施主体进行监督和制约。

7. 加强和改进党对全面推行依法治国的领导

党的领导与依法治国是有机统一的，二者缺一不可，离开党的领导，依法治国就会迷失方向，就不可能保证依法治国的社会主义性质；不实行依法治国，党的领导能力和水平必将大打折扣，党的事业将遭受严重损害，党执政的合法性基础将会动摇。

处理好党的领导与全面推进依法治国的关系，主要从三个方面予以把握：一是党的领导和依法治国的关系是法治建设的核心问题，我国宪法确立了中国共产党的领导地位。二是坚持

党的领导是全面推进依法治国的根本保证,只有在党的领导下依法治国,才能保证国家法治化有序进行。三是推进依法治国是坚持党的领导的必然要求,要提高党的执政能力和执政水平,促进国家治理体系和治理能力现代化,就必须全面推进依法治国。

第三节　全面推进法治中国建设

扫码观看

全面推进法治中国建设

引例

我国人民法院紧跟新时代步伐,不断探索为人民群众解决纠纷的有效机制。最高人民法院与中华全国总工会、中华全国工商业联合会等单位建立"总对总"在线调解机制,丰富了群众解决纠纷的"菜单库",建立覆盖城乡的跨域立案网点,把司法服务送到群众家门口。线上线下的融合服务让"正义提速",显著降低了解决纠纷的成本。以人民法院在线服务平台为总入口,集成在线调解、电子送达、委托鉴定等平台,实现了在线服务四级法院全覆盖。多个法院推出 24 小时诉讼服务。12368 服务热线发挥诉讼"总客服"作用,群众满意度达 96%。目前,我国已建成世界上联动资源最多、在线调解最全、服务对象最广的一站式多元纠纷解决和诉讼服务体系,走出了一条中国特色司法为民之路。

试问:人民法院不断创新建设一站式多元纠纷解决和诉讼服务体系,具有哪些重大意义?

分析

人民法院牢记人民至上,始终把人民群众的呼声作为第一信号,及时高效便捷化解矛盾纠纷,依法保障人民群众合法权益,为全面推进法治中国建设添砖加瓦

2020 年 11 月 16 日至 17 日,中央全面依法治国工作会议在北京召开。中共中央总书记、国家主席、中央军委主席习近平出席会议并发表重要讲话,强调推进全面依法治国要全面贯彻落实党的十九大和十九届二中、三中、四中、五中全会精神,从把握新发展阶段、贯彻新发展理念、构建新发展格局的实际出发,围绕建设中国特色社会主义法治体系、建设社会主义法治国家的总目标,坚持党的领导、人民当家作主、依法治国有机统一,以解决法治领域突出问题为着力点,坚定不移走中国特色社会主义法治道路,在法治轨道上推进国家治理体系和治理能力现代化,为全面建设社会主义现代化国家、实现中华民族伟大复兴的中国梦提供有力法治保障。

习近平在讲话中强调,我们党历来重视法治建设。党的十八大以来,党中央明确提出全面依法治国,并将其纳入"四个全面"战略布局予以有力推进。党的十八届四中全会专门进行研究,做出关于全面推进依法治国若干重大问题的决定。党的十九大召开后,党中央组建中央全面依法治国委员会,从全局和战略高度对全面依法治国又做出一系列重大决策部署,推动我国

社会主义法制建设发生历史性变革、取得历史性成就,全面依法治国实践取得重大进展。

> **□ 知识链接**
>
>   "四个全面"战略布局,即"全面建成小康社会、全面深化改革、全面依法治国、全面从严治党",是以习近平同志为总书记的党中央从坚持和发展中国特色社会主义全局出发提出的战略布局,是党中央治国理政的总方略,是实现"两个一百年"奋斗目标、走向中华民族伟大复兴中国梦的"路线图"。

    这次会议的一个重要成果,就是首次提出习近平法治思想。会议强调,习近平法治思想内涵丰富、论述深刻、逻辑严密、系统完备,从历史和现实相贯通、国际和国内相关联、理论和实际相结合上深刻回答了新时代为什么实行全面依法治国、怎样实行全面依法治国等一系列重大问题。

    习近平法治思想的"十一个坚持",既是重大工作部署,又是重大战略思想,我们必须深入学习领会,抓好贯彻落实。

一、坚持党对全面依法治国的领导

    党的领导是推进全面依法治国的根本保证。国际国内环境越是复杂,改革开放和社会主义现代化建设任务越是繁重,越要运用法治思维和法治手段巩固执政地位、改善执政方式、提高执政能力,保证党和国家长治久安。全面依法治国是要加强和改善党的领导,健全党领导全面依法治国的制度和工作机制,推进党的领导制度化、法治化,通过法治保障党的路线方针政策有效实施。

二、坚持以人民为中心

    全面依法治国最广泛、最深厚的基础是人民,必须坚持为了人民、依靠人民。要把体现人民利益、反映人民愿望、维护人民权益、增进人民福祉落实到全面依法治国各领域全过程。推进全面依法治国,根本目的是依法保障人民权益。要积极回应人民群众新要求新期待,系统研究谋划和解决法治领域人民群众反映强烈的突出问题,不断增强人民群众获得感、幸福感、安全感,用法治保障人民安居乐业。

三、坚持中国特色社会主义法治道路

    中国特色社会主义法治道路本质上是中国特色社会主义道路在法治领域的具体体现。既要立足当前,运用法治思维和法治方式解决经济社会发展面临的深层次问题;又要着眼长远,筑法治之基、行法治之力、积法治之势,促进各方面制度更加成熟更加定型,为党和国家事业发展提供长期性的制度保障。要传承中华优秀传统法律文化,从我国革命、建设、改革的实践中探索适合自己的法治道路,同时借鉴国外法治有益成果,为全面建设社会主义现代化国家、实现中华民族伟大复兴夯实法治基础。

四、坚持依宪治国、依宪执政

党领导人民制定宪法法律,领导人民实施宪法法律,党自身要在宪法法律范围内活动。全国各族人民、一切国家机关和武装力量、各政党和各社会团体、各企业事业组织,都必须以宪法为根本的活动准则,都负有维护宪法尊严、保证宪法实施的职责。坚持依宪治国、依宪执政,就包括坚持宪法确定的中国共产党领导地位不动摇,坚持宪法确定的人民民主专政的国体和人民代表大会制度的政体不动摇。

五、坚持推进国家治理体系和治理能力现代化

法治是国家治理体系和治理能力的重要依托。只有全面依法治国才能有效保障国家治理体系的系统性、规范性、协调性,才能最大限度凝聚社会共识。在统筹推进伟大斗争、伟大工程、伟大事业、伟大梦想的实践中,在全面建设社会主义现代化国家新征程上,我们要更加重视法治、厉行法治,更好发挥法治固根本、稳预期、利长远的重要作用,坚持依法应对重大挑战、抵御重大风险、克服重大阻力、解决重大矛盾。

六、坚持建设中国特色社会主义法治体系

中国特色社会主义法治体系是推进全面依法治国的总抓手。要加快形成完备的法律规范体系、高效的法治实施体系、严密的法治监督体系、有力的法治保障体系,形成完善的党内法规体系。要坚持依法治国和以德治国相结合,实现法治和德治相辅相成、相得益彰。要积极推进国家安全、科技创新、公共卫生、生物安全、生态文明、防范风险、涉外法治等重要领域立法,健全国家治理急需的法律制度、满足人民日益增长的美好生活需要必备的法律制度,以良法善治保障新业态新模式健康发展。

七、坚持依法治国、依法执政、依法行政共同推进,法治国家、法治政府、法治社会一体建设

依法治国是党领导人民治理国家的基本方略,依法执政是我们党执政的基本方式,依法行

政是政府行政的基本准则。能不能做到依法治国,关键在于党能不能依法执政,各级政府能不能坚持依法行政。

法治国家、法治政府、法治社会三者各有侧重、相辅相成。法治国家是法治建设的目标,法治政府是建设法治国家的主体,法治社会是构筑法治国家的基础。

八、坚持全面推进科学立法、严格执法、公正司法、全民守法

要继续推进法治领域改革,解决好立法、执法、司法、守法等领域的突出矛盾和问题。公平正义是司法的灵魂和生命。要深化司法责任制综合配套改革,加强司法制约监督,健全社会公平正义法治保障制度,努力让人民群众在每一个司法案件中感受到公平正义。要加快构建规范高效的制约监督体系。要推动扫黑除恶常态化,坚决打击黑恶势力及其"保护伞",让城乡更安宁、群众更安乐。

九、坚持统筹推进国内法治和涉外法治

要加快涉外法治工作战略布局,协调推进国内治理和国际治理,更好维护国家主权、安全、发展利益。要强化法治思维,运用法治方式,有效应对挑战、防范风险,综合利用立法、执法、司法等手段开展斗争,坚决维护国家主权、尊严和核心利益。要推动全球治理变革,推动构建人类命运共同体。

十、坚持建设德才兼备的高素质法治工作队伍

要加强理想信念教育,深入开展社会主义核心价值观和社会主义法治理念教育,推进法治专门队伍革命化、正规化、专业化、职业化,确保做到忠于党、忠于国家、忠于人民、忠于法律。要教育引导法律服务工作者坚持正确的政治方向,依法依规诚信执业,认真履行社会责任。

十一、坚持抓住领导干部这个"关键少数"

各级领导干部要坚决贯彻落实党中央关于全面依法治国的重大决策部署,带头尊崇法治、敬畏法律,了解法律、掌握法律,不断提高运用法治思维和法治方式深化改革、推动发展、化解矛盾、维护稳定、应对风险的能力,做尊法学法守法用法的模范。要力戒形式主义、官僚主义,确保全面依法治国各项任务真正落到实处。

想一想：

2021 年，最高人民法院的工作报告提到：为了贯彻实施《民法典》，最高人民法院完成对 591 件司法解释及相关规范性文件、139 个指导性案件的清理工作，废止 116 件，修改 111 件，决定对 2 个指导性案例不再参照适用。 这是中华人民共和国成立以来，最为全面、系统、规范的一次清理，废止了与《民法典》不一致的规定，保障了《民法典》实施后法律适用标准统一。 并通过以案释法、动漫说法等方式创新普法宣传，引导群众增强民法思维，让《民法典》走进百姓生活。

请结合《民法典》的实施，谈谈如何全面推进依法治国。

■ 本章小结

依法治国中的法治概念是指一种治国方略或社会调控方式，强调法在整个社会中的最高权威。 法治与人治、德治不同，全面推进依法治国，建设社会主义法治国家，我们重在讲原则，重在解决如何建设的问题。 十八届四中全会深刻回答了建设什么样的法治国家、怎样建设社会主义法治国家等一系列的重大问题。 中央全面依法治国工作会议首次提出习近平法治思想，深刻回答了新时代为什么实行全面依法治国、怎样实行全面依法治国等一系列重大问题。 习近平法治思想的"十一个坚持"，既是重大工作部署，又是重大战略思想，我们必须深入学习领会，抓好贯彻落实。

■ 思考与练习

一、单项选择题

1. "依法治国，建设社会主义法治国家"的"法治"的含义是指（   ）。

   A. 一种依法办事的原则

   B. 治国方略

   C. 良好的法律秩序

   D. 某种具有价值规定的社会生活方式

2. 习近平法治思想提出，坚持（   ）对全面依法治国的领导。

   A. 党   B. 人民   C. 政府   D. 司法机关

3. 完善的法律体系是建设法治中国的前提条件，其根本途径在于（   ）。

   A. 推进科学立法、民主立法   B. 强化权力制约、权力监督

   C. 加强党的领导   D. 加强守法

4. 习近平法治思想提出，坚持以（   ）为中心。

   A. 党   B. 人民   C. 政府   D. 司法机关

二、 多项选择题

1. "四个全面"战略布局，包括（　　）。
   - A. 全面建成小康社会
   - B. 全面深化改革
   - C. 全面依法治国
   - D. 全面从严治党

2. 要继续推进法治领域改革，就要做到（　　）。
   - A. 科学立法
   - B. 严格执法
   - C. 公正司法
   - D. 全民守法

3. 下列选项属于依法治国包含的基本原则有（　　）。
   - A. 坚持党的领导
   - B. 发扬社会主义民主
   - C. 严格依法办事
   - D. 人民主权原则

4. 坚持建设中国特色社会主义法治体系，需要做到（　　）。
   - A. 加快形成完备的法律规范体系
   - B. 高效的法治实施体系
   - C. 严密的法治监督体系
   - D. 有力的法治保障体系，形成完善的党内法规体系

三、 判断题

（　　）1. 党的领导与依法治国相互矛盾。

（　　）2. 法治主要强调"德主刑辅""隆礼重法"。

（　　）3. 全面推进依法治国，总目标是建设中国特色社会主义法治体系，建设社会主义法治国家。

四、 名词解释

1. 法治
2. 依法治国

五、 简答题

1. 简述全面推进依法治国，建设社会主义法治国家的总目标和原则。
2. 简述全面推进依法治国，建设社会主义法治国家的基本要求。
3. 简述习近平法治思想的"十一个坚持"。

六、 实践训练题

试以践行法治精神为主题，在班级举办一场演讲比赛。

参 考 文 献

[1] 中央宣传部,中央党史和文献研究院,中国外文局．习近平谈治国理政:第一卷[M].北京:外文出版社,2014.

[2] 中央宣传部,中央党史和文献研究院,中国外文局．习近平谈治国理政:第二卷[M].北京:外文出版社,2017.

[3] 中央宣传部,中央党史和文献研究院,中国外文局．习近平谈治国理政:第二卷[M].北京:外文出版社,2020.

[4] 沈宗灵.现代西方法理学[M].北京:北京大学出版社,1991.

[5] 习近平．新时代中国特色社会主义思想基本问题[M].北京:外文出版社,2020.

[6] 张文显.法理学[M].北京:高等教育出版社,2018.

[7] 孙国华,朱景文.法理学[M].北京:中国人民大学出版社,2021.

[8] 吕世伦.现代西方法学流派:上卷[M].西安:西安交通大学出版社,2016.

[9] 吕世伦.现代西方法学流派:下卷[M].西安:西安交通大学出版社,2016.

[10] 黄建武．法律调整[M].北京:中国人民大学出版社,2015.

[11] 朱景文.比较法社会学的框架和方法——法制化、本土化和全球化[M].北京:中国人民大学出版社,2001.

[12] 苏力.法治及其本土资源[M].北京:北京大学出版社,2015.

[13] 黄建武．立法评论[M].北京:法律出版社,2016.

[14] 王锋.立法论证研究[M].北京:商务印书馆,2019.

[15] 葛洪义.法律方法与法律思维[M].北京:法律出版社,2010.

[16] 博登海默.法理学——法哲学及其方法[M].北京:华夏出版社,2000.

[17] 庞德.普通法的精神[M].北京:法律出版社,2018.

[18] 达维德.当代主要法律体系[M].上海:上海译文出版社,2000.

[19] 罗尔斯.正义论[M].北京:中国社会科学出版社,2014.

[20] 黑格尔.法哲学原理[M].北京:商务印书馆,2020.

[21] 韦建桦,中共中央马克思恩格斯列宁斯大林著作编译局.马克思恩格斯选集[M].3 版.北京:人民出版社,2012.

[22] 中共中央马克思恩格斯列宁斯大林著作编译局.列宁全集[M].北京:人民出版社,2017.

[23] 康德.法的形而上学原理[M].北京:商务印书馆,2015.

[24] 波斯纳.法律的经济分析:上[M].北京:中国大百科全书出版社,1997.

[25] 波斯纳.法律的经济分析:下[M].北京:中国大百科全书出版社,1997.

[26] 卢梭.社会契约论[M].李阳,译.北京:作家出版社,2016.

[27] 卢梭.论人类不平等的起源和基础[M].南京:译林出版社,2019.

[28] 哈耶克.自由秩序原理[M].北京:生活·读书·新知三联书店,1997.

[29] 哈耶克.通往奴役之路[M].北京:中国社会科学出版社,2015.

[30] 波斯纳.法理学问题[M].北京:中国政法大学出版社,2002.

[31] 伯尔曼.法律与革命[M].北京:法律出版社,2018.

防伪查询说明

用户购书后刮开封底防伪涂层，利用手机微信等软件扫描二维码，会跳转至防伪查询网页，获得所购图书详细信息。也可将防伪二维码下的 20 位密码按从左到右、从上到下的顺序发送短信至 106695881280，免费查询所购图书真伪。

反盗版短信举报

编辑短信"JB，图书名称，出版社，购买地点"发送至 10669588128

防伪客服电话

（010）58582300

学习卡账号使用说明

一、注册/登录

访问 http://abook.hep.com.cn/sve，点击"注册"，在注册页面输入用户名、密码及常用的邮箱进行注册。已注册的用户直接输入用户名和密码登录即可进入"我的课程"页面。

二、课程绑定

点击"我的课程"页面右上方"绑定课程"，正确输入教材封底防伪标签上的 20 位密码，点击"确定"完成课程绑定。

三、访问课程

在"正在学习"列表中选择已绑定的课程，点击"进入课程"即可浏览或下载与本书配套的课程资源。刚绑定的课程请在"申请学习"列表中选择相应课程并点击"进入课程"。

如有账号问题，请发邮件至：4a_admin_zz@pub.hep.cn.